日本語能力試験
20日で合格
N3
文字・語彙・文法

国書日本語学校

国書刊行会

はじめに

　近年、日本語を学習する方はますます増えており、日本に来て勉強している留学生の数も、2018 年は 30 万人以上となりました。

　地域別では、中国が一番多いのですが、ベトナム、ネパール、スリランカやバングラディシュなど、漢字を使わない国の学習者も増えています。

　本書は、初級日本語の学習を終えた方が、今後本格的に日本語を使って活躍するスタートラインに立てるように、日本語能力試験 N 3 の「文字・語彙・文法」試験対策のお手伝いをしたいと思っています。

　この問題集では、実際の試験問題をもとに作成した、いろいろな問題を収録しています。問題のレベルは、試験を受けるにあたって必要と思われる復習問題や、少し難しい問題など、初級から先に進むためのものとなっています。

　繰り返し勉強することで、N 3 レベルの目的、「日常的な場面で使われる日本語をある程度理解することが出来る」に到達してください。

　「努力は必ず報われる」ということばもあります。皆さんが見事に試験に合格し、日本語に自信を持ち、いつかいっしょに学んだり、働いたり、協力しあって生活できる日が来るようになればすばらしいと思っています。

2018 年 7 月

著　者

目　次

はじめに

第 1 日 ・・・・・・・・・・・・・・・・・・・・・・・・・・・ 6

第 2 日 ・・・・・・・・・・・・・・・・・・・・・・・・・ 16

第 3 日 ・・・・・・・・・・・・・・・・・・・・・・・・・ 26

第 4 日 ・・・・・・・・・・・・・・・・・・・・・・・・・ 36

第 5 日 ・・・・・・・・・・・・・・・・・・・・・・・・・ 46

第 6 日 ・・・・・・・・・・・・・・・・・・・・・・・・・ 56

第 7 日 ・・・・・・・・・・・・・・・・・・・・・・・・・ 66

第 8 日 ・・・・・・・・・・・・・・・・・・・・・・・・・ 76

第 9 日 ・・・・・・・・・・・・・・・・・・・・・・・・・ 86

第10日 ・・・・・・・・・・・・・・・・・・・・・・・・・ 96

第11日 ・・・・・・・・・・・・・・・・・・・・・・・・ 106

第12日 ・・・・・・・・・・・・・・・・・・・・・・・・ 116

第13日 ・・・・・・・・・・・・・・・・・・・・・・・・ 126

第14日 ・・・・・・・・・・・・・・・・・・・・・・・・ 136

第15日 ・・・・・・・・・・・・・・・・・・・・・・・・ 146

第16日 ・・・・・・・・・・・・・・・・・・・・・・・・ 156

第17日 ・・・・・・・・・・・・・・・・・・・・・・・・ 166

第18日 ・・・・・・・・・・・・・・・・・・・・・・・・ 176

第19日 ・・・・・・・・・・・・・・・・・・・・・・・・ 186

第20日 ・・・・・・・・・・・・・・・・・・・・・・・・ 196

※この問題集には別冊解答がついています。

※本書に転載されている文章には、原文にはないふりがなをつけている
　ところがあります。

第1日

隣の客は、よく柿食う客だ

問題1 ＿＿＿＿のことばの読み方として最もよいものを、1・2・3・4から一つえらびなさい。

1 これからのお二人の幸せを祈っております。

   1 しあわせ   2 こうせ   3 しああせ   4 さちせ

2 金曜日に留学生の友だちとパーティーをするんだけど、来る？

   1 りうがくせい   2 りゅうがくせい   3 りゅがくせい   4 りゅうかくせい

3 彼は新入社員だから、まだ経験も少ない。

   1 けいけ   2 けいげん   3 けいけん   4 けけん

4 就職してからは、自由な時間が少なくなった。

   1 じゆう   2 じゆ   3 じゅう   4 じいう

5 川上さんの好きな映画は何ですか。

   1 えか   2 えが   3 えいか   4 えいが

6 孫と撮ったこの写真は、わたしの宝物です。

   1 たからぶつ   2 たからもつ   3 たからもち   4 たからもの

7 あなたのやさしさは決して忘れない。

1 けつして　　　　2 けっして　　　　3 きして　　　　4 げして

8 千葉にある友だちのアパートを訪ねた。

1 おとずねた　　　2 ほうねた　　　　3 たずねた　　　　4 たすねた

問題2 　　　　のことばを漢字で書くとき、最もよいものを、1・2・3・4から一つえらび
なさい。

9 映画に感動して、なみだが止まらなかった。

1 深　　　　　　　2 涙　　　　　　　3 泳　　　　　　　4 泣

10 地方の都市でも、外国人のかんこう客が増えている。

1 観好　　　　　　2 勧好　　　　　　3 観光　　　　　　4 勧光

11 出かける前に、すべての窓をしめた。

1 開めた　　　　　2 閉めた　　　　　3 門めた　　　　　4 問めた

12 子犬たちが気持ちよさそうにねている。

1 睡て　　　　　　2 眼て　　　　　　3 寝て　　　　　　4 値て

13 急にシャワーのおゆが出なくなった。

1 油　　　　　　　2 熱　　　　　　　3 温　　　　　　　4 湯

14 ホテルのフロントにれんらくした。

1 連絡　　　　　　2 連格　　　　　　3 練格　　　　　　4 練絡

問題3 （　　　）に入れるのに最もよいものを、1・2・3・4から一つえらびなさい。

15 最近太ってきたので、少し体を（　　　　）。

1　休めよう　　　　2　動かそう　　　　3　見てみよう　　　4　治そう

16 マンションの下の階の人から、「うるさい」と（　　　　）が来た。

1　確認　　　　　2　指示　　　　　3　評判　　　　　4　苦情

17 午後は学校の（　　　　）コートでテニスをする。

1　室外　　　　　2　課外　　　　　3　場外　　　　　4　屋外

18 週刊誌の記事が広がり、大臣が職を（　　　　）。

1　とびだした　　2　やすんだ　　　3　はなれた　　　4　きめた

19 川村さんはお母さんと顔が（　　　　）だ。

1　しっかり　　　2　そっくり　　　3　びっくり　　　4　こっそり

20 時間に遅れて、みんなには（　　　　）。

1　悪かった　　　2　難しかった　　3　痛かった　　　4　良かった

21 あしたから一週間、デパートで（　　　　）が行われる。

1　バーゲン　　　2　デリバリー　　3　ミーティング　4　コマーシャル

22 洋服が増えたので、新しい（　　　　）を買った。

1　押し入れ　　　2　引き出し　　　3　あみだな　　　4　たんす

23 入学式は予定どおり、（　　　　　）に終わった。

1　無理　　　　　　2　無断　　　　　　3　無事　　　　　　4　無視

24 缶やペットボトルは（　　　　　）できるので、分けて捨てている。

1　リピート　　　　2　リサイクル　　　3　リモート　　　　4　リラックス

25 大野さんは、学費と生活費のため、（　　　　　）をしている。

1　ボランティア　　2　トレーニング　　3　カウンセリング　4　アルバイト

問題4　＿＿＿＿に意味が最も近いものを、1・2・3・4から一つえらびなさい。

26 参加費の支払いは、後でかまいません。

1　あまります　　　2　大丈夫です　　　3　集めます　　　　4　同じです

27 彼は最近、仕事にはりきっている。

1　努力して　　　　2　苦労して　　　　3　手を出して　　　4　やる気を出して

28 この仕事は、早目にやってください。

1　今すぐ　　　　　2　なるべく急いで　3　いつでも　　　　4　今日中に

29 パソコンでローマ字から漢字に変換する。

1　直す　　　　　　2　見せる　　　　　3　返す　　　　　　4　落とす

30 お正月で実家にしんせきが集まった。

1　両親　　　　　　2　親子　　　　　　3　親類　　　　　　4　兄弟

問題5　つぎのことばの使い方として最もよいものを、1・2・3・4から一つえらびなさい。

31 届く

1　先生の説明が難しくて、学生には届かなかった。
2　友だちからお祝いのメールが届いた。
3　その飛行機は9時15分に空港に届く。
4　今からみなさんにテストが届きますが、まだ見ないでください。

32 とんでもない

1　信号を守って安全運転するなんて、とんでもないね。
2　あの人はとても親切で、とんでもない人だ。
3　少しくらい予算より高くなっても、とんでもないですよ。
4　学生なのに遅刻が多いなんて、とんでもない話だ。

33 ぴったり

1　この青色のセーターはわたしにぴったりだ。
2　外国で高校時代の同級生にぴったり会った。
3　進学する気なら、もっとぴったり勉強しなさい。
4　暑いので、となりの家の犬がぴったりしていた。

34 学習

1　長い話になると、とても一回では学習できない。
2　先輩から聞いた仕事の話はとても学習になった。
3　AIも学習して、人間の判断を手伝うことができる。
4　あの選手は試合のあとでも、一人で学習しているそうだ。

35 準備

1　オリンピックの準備不足について新聞で取り上げられた。
2　旅行の準備がそろったら、すぐに出かけよう。
3　帰る客のために、タクシーを準備した。
4　ハイキングへ行くために、日にちの準備が必要だった。

問題6　つぎの文の（　　）に入れるのに最もよいものを、1・2・3・4から一つえらびなさい。

36　ヒンドゥー語は一度も勉強していないので、（　　　）わかりません。

　　1　たいして　　　　2　そう　　　　　　3　ぜんぜん　　　　4　決して

37　中村さんはリーダー（　　　　）ですね。

　　1　向き　　　　　　2　ふう　　　　　　3　向け　　　　　　4　よう

38　田中さんは田舎に帰る（　　　　）「仕事はどう？」と聞かれるそうだ。

　　1　ときに　　　　　2　たびに　　　　　3　かわりに　　　　4　ところで

39　当店は終日営業で、（　　　　）商品の配達もしております。

　　1　そこで　　　　　2　つまり　　　　　3　ただし　　　　　4　また

40　この二つの言葉の使い方はよくにていて、日本人でも間違い（　　　　）。

　　1　づらい　　　　　2　やすい　　　　　3　っぽい　　　　　4　だらけだ

41　水を出し（　　　）にしてはいけません。

　　1　かけ　　　　　　2　ぎみ　　　　　　3　っぱなし　　　　4　わすれ

42　ベトナム人（　　　　）、家族ほど大切なものはないそうだ。

　　1　によって　　　　2　において　　　　3　にとって　　　　4　にして

43　中国からサーカス団が来日するそうで、（　　　　）だ。

　　1　楽しい　　　　　2　楽しみ　　　　　3　楽しげ　　　　　4　楽しさ

11

44 人生は本人の努力（　　　　）と思う。

1　しだいだ　　　　2　どころだ　　　　3　のつもりだ　　　　4　になる

45 うちの祖父は、高齢（　　　　）、まだまだ体力がある。

1　のせいで　　　　2　なわけで　　　　3　といっても　　　　4　のおかげか

46 急いでいるときに忘れ物をするって、（　　　　）話だね。

1　ありがたい　　　　2　ありのままの　　　　3　ありような　　　　4　ありそうな

47 お正月のハワイは日本人（　　　　）で、外国じゃないみたいだった。

1　ほど　　　　2　向け　　　　3　ばかり　　　　4　通り

48 早口言葉は、（　　　　）練習してみよう。

1　苦労すれば　　　　2　苦労しても　　　　3　苦労したまま　　　　4　苦労するよう

問題7　つぎの文の＿＿★＿＿に入る最もよいものを、1・2・3・4から一つえらびなさい。

49 ＩＣカードは、カードを ＿＿＿＿ ＿＿＿＿ ＿★＿ ＿＿＿＿ 、使うことができる。

1　近づけ　　　　　　　　　　　　2　すれば
3　読み取り機械に　　　　　　　　4　さえ

50 ぜんぜん時間がないって ＿＿＿＿ ＿＿＿＿ ＿★＿ ＿＿＿＿ ね。

1　よく携帯を　　　2　言っている　　　3　見ている　　　4　くせに

51 大好きなマンガを ＿＿＿＿ ＿＿＿＿ ＿★＿ ＿＿＿＿ まだ読んでいない。

1　ことは　　　　　2　買ったが　　　　3　買った　　　　4　忙しくて

52 このサッカー教室では、 ＿＿＿＿ ＿＿＿＿ ＿★＿ ＿＿＿＿ そうだ。

1　子どもたちに　　　　　　　　　2　習慣がある
3　整備させる　　　　　　　　　　4　グラウンドを

53 彼は ＿＿＿＿ ＿＿＿＿ ＿★＿ ＿＿＿＿ どころではないだろう。

1　借金　　　　　　2　生活で　　　　　3　だらけの　　　　4　旅行

13

問題8　つぎの文章を読んで、文章全体の内容を考えて、　54　から　58　の中に入る
　　　　最もよいものを、1・2・3・4から一つ選びなさい。

私は2年前に日本に来た。

最初は日本語にも慣れていなくて、授業中、発言することができなかった。クラスメートは優秀で、自分が小さくなったように　54　ものだった。でも、先生にいろいろ指導して　55　、友だちとも仲よくなってからは、そのような考えはなくなり、勉強に集中できるようになった。みんなで苦労して学んだことは、今ではよい思い出である。

わたしは国では、人の話をまじめに　56　いいかげんな人だとよく言われていた。自分ではそんなつもりはなかったのだが、おそらく気がつかないうちに、人を傷つけてしまったこともあったかもしれない。でも、外国で学ぶこと　57　、少しは前より成長できたと思う。

これから日本の大学院で経済を勉強する。新しい別の世界に出て、いろんな考えを持つ人たちに会えるだろう。この留学を通じてもっと人として成長したい。　58　今までお世話になった人たちに認めてもらえるように頑張りたい。

14

54

1　感じてみた　　　　2　感じられた　　　　3　感じさせた　　　　4　感じさせてみた

55

1　くれたり　　　　　2　さしあげたり　　　　3　あげたり　　　　　4　いただいたり

56

1　聞く　　　　　　　2　聞かない　　　　　　3　聞いている　　　　4　聞いていなかった

57

1　を通じて　　　　　2　について　　　　　　3　を基にして　　　　4　に対して

58

1　そこから　　　　　2　そこで　　　　　　　3　そして　　　　　　4　それでは

第2日

東京特許許可局　許可局長

問題1　＿＿＿のことばの読み方として最もよいものを、1・2・3・4から一つえらびなさい。

1 道路では制限速度を守って運転する。

  1　せけん   2　せげん   3　せいけん   4　せいげん

2 お正月に神社にお参りに行く。

  1　しんしゃ   2　じんじゃ   3　じんしゃ   4　しんじゃ

3 両親の離婚は、とても悲しかった。

  1　かなしかった   2　くるしかった
  3　いそがしかった   4　おかしかった

4 新聞で首相のスケジュールを知った。

  1　しゅしょう   2　しゅうしょう   3　しゅそう   4　しゅうそう

5 外国の友だちに、日本の人形をプレゼントしたい。

  1　ひとぎょう   2　ひとけい   3　にんぎょう   4　にんけい

6 この情報は、全て秘密にしてください。

  1　まったって   2　すべて   3　ぜんて   4　あわせて

7 学校の授業料は半年に1回、支払う。

   1 じゅぎょりょう   2 じゅぎょうりょう

   3 じゅうぎょうりょう   4 じゅうぎょりょ

8 あそこにある段(だん)ボール箱は、みんな空です。

   1 そら   2 から   3 くう   4 あき

問題2 ＿＿＿のことばを漢字で書くとき、最もよいものを、1・2・3・4から一つえらびなさい。

9 小山(こやま)教授のせんもんは、物理です。

   1 専間   2 専攻   3 専門   4 専問

10 国は、せいしょうねんの教育に力を入れている。

   1 青小年   2 青少年   3 正小年   4 正少年

11 自分の進路(しんろ)はみずからの手で選びたい。

   1 自ら   2 白ら   3 分ら   4 身ら

12 当社の工場は、大きな看板(かんばん)がめじるしです。

   1 日印   2 見印   3 矢印   4 目印

13 母はどんなときもつとめて明るく笑っていた。

   1 務めて   2 努めて   3 勤めて   4 働めて

14 教室の入り口のかぎ、あけておいてくれた？

   1 閉けて   2 開けて   3 関けて   4 間けて

問題3 （　　　）に入れるのに最もよいものを、1・2・3・4から一つえらびなさい。

15 香川さんは、休みの日にサッカーチームの（　　　　　）をしている。

1　インターン　　　　2　ビジネス　　　　3　コーチ　　　　4　トーク

16 使わない机はじゃまなので、部屋の（　　　　　）に置いておこう。

1　内側　　　　2　入口　　　　3　真ん中　　　　4　隅

17 明日からインドネシアに出張なので、あちらの天気が（　　　　　）です。

1　興味　　　　2　気の毒　　　　3　心配　　　　4　課題

18 週3日以上アルバイトができる（　　　　）を募集します。

1　方　　　　2　様　　　　3　者　　　　4　人々

19 内藤さんは（　　　　）人で、いっしょにいると楽しくなる。

1　ほがらかな　　　　2　おおげさな　　　　3　真剣な　　　　4　気軽な

20 人気マンガの最新（　　　　）がよく売れている。

1　冊　　　　2　巻　　　　3　部　　　　4　点

21 日曜日の午前中は（　　　　）プールで泳いでいる。

1　たいてい　　　　2　少しも　　　　3　毎日　　　　4　そのうち

22 どんなところに住むのかは（　　　　）の自由だ。

1　他人　　　　2　成人　　　　3　個人　　　　4　数人

23 ずっと使っていなかったパソコンの（　　　　）が思い出せない。

　　1　キーワード　　　　2　サイン　　　　　3　パスワード　　　　4　オンライン

24 パソコンでレポートを書いたあと、プリンターで紙に（　　　　）した。

　　1　使用　　　　　　　2　印刷　　　　　　3　引用　　　　　　　4　発行

25 前を歩いていた友だちを、自転車で（　　　　）。

　　1　追い出した　　　　2　追い付いた　　　3　追い返した　　　　4　追い越した

問題4　＿＿＿＿に意味が最も近いものを、1・2・3・4から一つえらびなさい。

26 あの人の話はいつもたいくつだ。

　　1　おもしろい　　　　2　難しい　　　　　3　つまらない　　　　4　長い

27 明日の出発時間を、覚えておく。

　　1　利用して　　　　　2　記入して　　　　3　確認して　　　　　4　記憶して

28 コーヒーでもいれましょうか。

　　1　温めましょう　　　2　買いましょう　　3　作りましょう　　　4　飲みましょう

29 あなたにとって、日本のイメージは何ですか。

　　1　長所　　　　　　　2　印象　　　　　　3　魅力　　　　　　　4　風景

30 この駅のあたりに、交番はありませんか。

　　1　近く　　　　　　　2　前　　　　　　　3　横　　　　　　　　4　通り

19

問題5　つぎのことばの使い方として最もよいものを、1・2・3・4から一つえらびなさい。

31 気になる

1　今日の試合の結果が、気になっている。
2　そんなに気になっても、きっとうまくいくと思う。
3　何が難しいか考えて、学習者の気になる。
4　帰りが気になって、傘を持って行く。

32 かなり

1　いつも、かなりお世話になっております。
2　わたしが聞いた話では、そんなことはかなりないだろう。
3　彼女はかぜをひいていて、かなりつらそうだ。
4　この町に移って来てから、かなり10年になる。

33 ほとんど

1　最近はほとんどの人が携帯電話を持っている。
2　彼は試合をほとんど見ないほど、ラグビーが好きだ。
3　来日したころは、日本語がほとんどわかって、とても大変だった。
4　今度時間があったら、ほとんど遊びに行きましょう。

34 まし

1　この報告書がもう少しましに出るよう、もう一度書く。
2　あのアルバイトをするくらいなら、はじめから働かないほうがましだ。
3　太田さんの子どものころの話に、みんながましに大笑いした。
4　そんなましなお願いを言ってもしかたがない。

35 くしゃみ

1　薬局に行って、くしゃみを止めるマスクを買った。
2　今、大学ではくしゃみがはやっている。
3　さっきからくしゃみばかりしているけど、昨日寝てないの？
4　急に寒くなり、くしゃみが止まらなかった。

問題6 つぎの文の（　　　）に入れるのに最もよいものを、1・2・3・4から一つえらびなさい。

36 わたしの説明は（　　　　）ですが、何かご質問があれば、どうぞ。

　　1　以上　　　　　　　　　　　　　　　2　以上のまま
　　3　以上通り　　　　　　　　　　　　　4　以上の限り

37 小さいときは、よく父に庭仕事の手伝いを（　　　　）いた。

　　1　して　　　　　　2　されて　　　　　　3　させて　　　　　　4　させられて

38 インフルエンザにかかったら、治るまで会社に（　　　　）。

　　1　来るはずでもない　　　　　　　　　2　来るべきではない
　　3　来るときでもない　　　　　　　　　4　来ることではない

39 この病院、待ち時間が長いんだ（　　　　）。もう嫌になってきた。

　　1　し　　　　　　2　けれども　　　　3　もん　　　　　　4　っけ

40 学生「テストを受けられないのですか？」
　　先生「5分以上遅刻した人には、試験を受けさせる（　　　　）んだよ。」

　　1　わけにはいかない　　　　　　　　　2　わけでもない
　　3　ようではない　　　　　　　　　　　4　よりほかない

41 秋葉原に行った（　　　　）に、近くにある有名な献血センターにも行ってきた。

　　1　つもり　　　　　2　ついで　　　　3　おかげ　　　　　4　ため

42 しょうがのお茶を飲む（　　　　）で、体を温めてかぜを治す。

　　1　もの　　　　　2　わけ　　　　　3　そう　　　　　4　こと

43 みんなは進学説明会に行かないの（　　　　　）が、わたしは行きたい。

1　つもりだ　　　　2　かもしれない　　　3　ではない　　　　4　ところだ

44 いらっしゃいませ。お客様、何を（　　　　　）か。

1　お探しです　　　　　　　　　　　2　お探しさしあげます

3　お探しにいたします　　　　　　　4　お探しになります

45 この歌を聞いていると、元気が（　　　　　）。

1　出てくる　　　　2　出ていく　　　　3　出た　　　　4　出ている

46 大きな病気をして（　　　　　）、健康の大切さがわかった。

1　まで　　　　2　こそ　　　　3　はじめて　　　　4　さえ

47 チンさん、今度中国に帰る（　　　　　）。知っていた？

1　のだ　　　　2　らしいね　　　　3　ことだね　　　　4　だって

48 A「お子さんは、何人いらっしゃいますか？」
　　B「男の子が二人（　　　　　）。」

1　なさいます　　　　2　なります　　　　3　おります　　　　4　おられます

問題7 つぎの文の　★　に入る最もよいものを、1・2・3・4から一つえらびなさい。

49 英会話は聞けば　＿＿＿　＿＿＿　★　＿＿＿　上手になるものだ。

　　1　聞くほど　　　　　2　話すほど　　　　　3　話せば　　　　　4　そして

50 一人娘は大きく　＿＿＿　＿＿＿　★　＿＿＿　母親ににてきた。

　　1　話し方　　　　　2　につれて　　　　　3　まで　　　　　4　なる

51 日本語の漢字のように　＿＿＿　＿＿＿　★　＿＿＿　。

　　1　大変だ　　　　　2　たくさんあると　　3　読み方が　　　　4　覚えるのが

52 まじめな姉は　＿＿＿　＿＿＿　★　＿＿＿　妹は、好きなことをしている。

　　1　生きてきたの　　2　会社員　　　　　3　に対して　　　　4　として

53 とても器用な本田さんは、折り紙で　＿＿＿　＿＿＿　★　＿＿＿　作ることができる。

　　1　ばかりでなく　　2　どんな　　　　　3　動物も　　　　　4　犬

23

問題8　つぎの文章を読んで、文章全体の内容を考えて、　54　から　58　の中に入る
　　　　最もよいものを、1・2・3・4から一つ選びなさい。

　3月27日の朝。僕はブレザー(注1)を着て学校に向かった。（中略）3日前に卒業式
があったけど、僕は39度の熱が出て、出席できなかった。

　　54　熱も下がって、卒業証書(注2)を受け取りに行く。毎日通った通学路(注3)。きょ
うは、お母さん、お兄ちゃん、弟も一緒だ。

　あれ？　同級生の男の子がいる。もう春休み　55　。「どうしたの？」。声をかけたら、
少し慌てた様子。「卒業式の日に、お父さんが間違えて学校のスリッパを持ってきちゃっ
た。返しに行く」。（中略）走って行っちゃった。

　ほか　56　同級生が学校に向かっている。

　学校に着くと、体育館に案内された。1人だから、校長室じゃないの？

　体育館の扉を開けると、みんながいた。約40人が、一斉に(注4)僕を見る。（中略）

　「S君」。名前を　57　、練習どおりに背筋をぴんとさせて、校長先生から卒業証書
を受け取った。振り返ると、みんなの顔が見えた。涙が出そうだったけど、唇をかん
で我慢した。（中略）

　僕の卒業式は、友だちのお母さんがみんなに呼びかけてくれたそうだ。

　家に帰って、おばあちゃんに電話した。「きょう、卒業式してもらったんだ。1人じゃ
なかった。みんな　58　んだよ」

（『朝日新聞』2017年4月12日付）

（注1）ブレザー：上着
（注2）卒業証書：卒業を証明する賞状
（注3）通学路：学校に通うための道
（注4）一斉に：みんながそろって同時に

54

1 ついに 2 いよいよ 3 すぐ 4 ようやく

55

1 なのか 2 なんだね 3 なのに 4 なんで

56

1 では 2 にも 3 との 4 なら

57

1 呼ばれ 2 呼んで 3 呼ばせ 4 呼び

58

1 来てあげた 2 来ていられた
3 来てくれた 4 来てみた

第3日

新進シャンソン歌手総出演　新春シャンソンショー

問題1　＿＿＿のことばの読み方として最もよいものを、1・2・3・4から一つえらびなさい。

1 18歳の高校生も選挙に参加できるようになった。

　　1　せんしゅう　　　2　せんしゅ　　　　3　せんきょ　　　　4　せんきょう

2 老人は座ったままであいさつをした。

　　1　よわった　　　　2　こまった　　　　3　かかった　　　　4　すわった

3 飛行機が海上で行方不明になった。

　　1　ゆくえ　　　　　2　こうほう　　　　3　いきかた　　　　4　ゆきかた

4 都会でもここは、まだ自然が多い。

　　1　しぜん　　　　　2　じぜん　　　　　3　じねん　　　　　4　しいぜん

5 朝から体の調子が悪く、ずっと頭痛がする。

　　1　かしらつう　　　2　あたまいた　　　3　とつう　　　　　4　ずつう

6 先生がクラスのみんなに説教した。

　　1　せつきょ　　　　2　せっきょう　　　3　とくきょ　　　　4　ときょう

7 課題はきちんと期日を守って提出すること。

1 きび 　　　2 きにち 　　　3 きじつ 　　　4 きひ

8 合図があったらテストを始めてください。

1 ごうず 　　　2 あいず 　　　3 こうず 　　　4 がっず

問題2 　＿＿＿＿＿のことばを漢字で書くとき、最もよいものを、1・2・3・4から一つえらび
なさい。

9 つまは、病院で働いている。

1 妹 　　　　　2 姉 　　　　　3 嫁 　　　　　4 妻

10 毎朝みずうみの周りをジョギングしている。

1 港 　　　　　2 湖 　　　　　3 満 　　　　　4 清

11 事務所に電話をかけたが、るすだった。

1 留守 　　　　2 留子 　　　　3 留素 　　　　4 留主

12 いつか新しいビジネスを始めてせいこうしたい。

1 成行 　　　　2 正行 　　　　3 成功 　　　　4 正功

13 食パンにバターをつけて食べる。

1 付けて 　　　2 着けて 　　　3 次けて 　　　4 就けて

14 正しい答えを丸でかこみなさい。

1 円み 　　　　2 国み 　　　　3 回み 　　　　4 囲み

27

問題3 （　　　）に入れるのに最もよいものを、1・2・3・4から一つえらびなさい。

15 （　　　　　）選手のけが人が多くて、チームが弱くなっている。

1　プレーヤー　　　　2　パートナー　　　　3　メンバー　　　　4　レギュラー

16 （　　　　　）の夢は、アフリカでキリンや象の写真を撮ることです。

1　長期　　　　　　2　将来　　　　　　3　本日　　　　　　4　未来

17 友だちが多い同級生が、毎日楽しそうで（　　　　　）。

1　うらやましい　　2　やさしい　　　　3　苦い　　　　　　4　ありがたい

18 サッカーのワールドカップは4年（　　　　）に開かれている。

1　ぶり　　　　　　2　さき　　　　　　3　ごと　　　　　　4　ずつ

19 小さいときに犬に足を（　　　　　）、犬が苦手になった。

1　かまれ　　　　　2　まかれ　　　　　3　ひかれ　　　　　4　いやがられ

20 大村さんも仲間に（　　　　　）ことにしよう。

1　そろえる　　　　2　つむ　　　　　　3　かける　　　　　4　くわえる

21 気が（　　　　　）ので、思い切って高い物を買えない。

1　長い　　　　　　2　短い　　　　　　3　大きい　　　　　4　小さい

22 梅田さんは四人姉妹の一番年上、つまり（　　　　　）です。

1　子女　　　　　　2　長女　　　　　　3　末っ子　　　　　4　次女

23 遠くのスーパーのほうが安いので、（　　　　）自転車に乗って買いに行く。

1　わざと　　　　　2　あいにく　　　　　3　わざわざ　　　　　4　まだまだ

24 教室の中で（　　　　）学生がいるのに、先生は何も言わなかった。

1　さわがしい　　　2　かっこわるい　　　3　くやしい　　　　　4　かしこい

25 ここをスライドすると、設定する（　　　　）が開きます。

1　画像　　　　　　2　画面　　　　　　　3　保存　　　　　　　4　登録

問題4　＿＿＿＿に意味が最も近いものを、1・2・3・4から一つえらびなさい。

26 記者が選手にインタビューした。

1　話を読んだ　　　2　話を聞いた　　　　3　話を考えた　　　　4　話を説明した

27 この本には不思議な話が集められている。

1　変な　　　　　　2　古い　　　　　　　3　有名な　　　　　　4　特殊な

28 番組の途中で、お見苦しい点がございました。

1　不親切な　　　　2　不適切な　　　　　3　不便な　　　　　　4　不利な

29 彼に注意しても、無駄だろう。

1　間違い　　　　　2　必要　　　　　　　3　だめ　　　　　　　4　嫌い

30 全商品ディスカウント価格でお求めになれます。

1　予約できます　　2　探せます　　　　　3　もらえます　　　　4　買えます

29

問題5　つぎのことばの使い方として最もよいものを、1・2・3・4から一つえらびなさい。

31 とにかく

1　台風が近づいてきて、とにかく風雨が強くなってきた。

2　顔色がよくないから、とにかくゆっくり休んだほうがいい。

3　試験前に不安だったことが、とにかくその通りの結果になった。

4　就職のことで、親の意見を聞くのもとにかくだ。

32 とりあえず

1　船はどんどん小さくなって、とりあえず見えなくなった。

2　遊んでばかりいると、とりあえず後で困るだろう。

3　社外での仕事が終わったので、とりあえず事務所に電話した。

4　家族がいっしょに旅行するのは、とりあえずひさしぶりだった。

33 同僚

1　今のわたしはいい同僚に恵まれていると思う。

2　水谷さんは取引先の会社にいる同僚だ。

3　鈴木さんとはパーティーで会って、すぐに同僚になった。

4　中山さんとは大学で4年間、ずっと同僚だった。

34 でたらめ

1　下に落とさないように、でたらめにゆっくりと外に持ち出した。

2　答えがよくわからなかったので、でたらめに答えた。

3　でたらめに計画を立ててから、この仕事をやりきろう。

4　すぐに結果が出なくても、でたらめにならないようにしよう。

35 お代わり

1　本日はお代わりありがとうございました。またのご来店をお待ちしております。

2　すみません、お代わりで天ぷらとさしみもお願いします。

3　お店の店員に、本日のお代わりは何か聞いてみた。

4　当店では、コーヒーのお代わりは何杯でも無料です。

30

問題6　つぎの文の（　　）に入れるのに最もよいものを、1・2・3・4から一つえらびなさい。

36　田川さんはまじめだから、（　　　　　）授業を休まない。

　1　ますます　　　　　2　いったい　　　　　3　かならず　　　　4　めったに

37　絶対に途中であきらめる（　　　　　）！　最後まで走るぞ。

　1　ことか　　　　　　2　ことだ　　　　　　3　もんか　　　　　4　ものだ

38　あなたの気持ちもわからない（　　　　　）が、やっぱりけんかはよくないよ。

　1　ほどでもない　　　2　ことがない　　　　3　こともない　　　4　までもない

39　この学校では毎日の給食（　　　　　）、食べ物のことを学んでいる。

　1　だけでなく　　　　2　を通して　　　　　3　のために　　　　4　にかわって

40　今日は寒いですね。（　　　　　）、スキー旅行はいつになりましたか。

　1　そこで　　　　　　2　ところで　　　　　3　ところが　　　　4　しかし

41　このポイントカードは、当店でも（　　　　　）。

　1　ご利用いただけます　　　　　　　　　2　ご利用くださいます
　3　ご利用くださります　　　　　　　　　4　ご利用されています

42　新しい仕事は、大変な（　　　　　）大変だが、何とかやっている。

　1　ことに　　　　　　2　ことは　　　　　　3　ことだし　　　　4　ことで

43　留学時代の楽しかった経験は（　　　　　）思い出だ。

　1　忘れにくい　　　　2　忘れがたい　　　　3　忘れづらい　　　4　忘れやすい

44 お医者さんからは健康診断の結果（　　　　　）、再検査もあると言われた。

1　によっては　　　　　　　　　　　2　に対しては
3　については　　　　　　　　　　　4　にかけては

45 頑張って、今年（　　　　　）は N3 の試験に合格したい。

1　さえ　　　　　2　きり　　　　　3　だけ　　　　　4　こそ

46 今日の晩ごはんは、サラダと果物（　　　　　）でいいです。

1　だけ　　　　　2　しか　　　　　3　ほど　　　　　4　まで

47 地図（　　　　　）行ったら、すぐにオークション会場が見つかった。

1　の通りに　　　　　2　のふうに　　　　　3　のすえに　　　　　4　の上で

48 きびしい部長は、新入社員に何回も報告書を（　　　　　）。

1　書き直してもらった　　　　　　2　書き直していただいた
3　書き直させた　　　　　　　　　4　書き直させられた

問題7　つぎの文の＿★＿に入る最もよいものを、1・2・3・4から一つえらびなさい。

49 盲導犬は飼い主に ＿＿＿ ＿＿＿ ＿★＿ ＿＿＿ としなかった。

1　一歩も動こう　　　2　までは　　　　3　行け　　　　4　と言われる

50 日本でも ＿＿＿ ＿＿＿ ＿★＿ ＿＿＿ かもしれない。

1　時代が　　　　2　認められる　　　3　来る　　　　4　夫婦別姓が

51 何か ＿＿＿ ＿＿＿ ＿★＿ ＿＿＿ やめたほうがいいですよ。

1　のは　　　　2　やめる　　　3　言いかけて　　　4　途中まで

52 せっかく ＿＿＿ ＿＿＿ ＿★＿ ＿＿＿ ことになってしまった。

1　のに　　　　2　学校を休む　　　3　予習した　　　4　高い熱で

53 大きな台風が、＿＿＿ ＿＿＿ ＿★＿ ＿＿＿ 日本に近づく心配がある。

1　から　　　　2　にかけて　　　3　明日　　　　4　今夜

問題8 つぎの文章を読んで、文章全体の内容を考えて、 54 から 58 の中に入る最もよいものを、1・2・3・4から一つ選びなさい。

わたしはタイの出身だ。日本に来て、半年たった。

ある冬の日のことである。とても寒いので「雪が降れば 54 」と願いながら、いつもより早く眠りについた。

翌朝、目覚まし時計の音 55 目が覚めた。ベッドから起き、閉め切ってあった窓を開けた。外を見て、びっくりした。駐車場や芝生(注1)、道路までもが一面(注2)真っ白になっているではないか。「雪だ、雪がつもっている」と思わずさけんでしまった。すぐにコートも 56 バルコニー(注3)に出た。携帯電話で、写真を何十枚も撮り、国の両親や友だちに急いで送信した。日本に来てはじめての雪景色は、わたし 57 それほど感動的なものだったのだ。

白い雪を見ていたら、気持ちが落ち着いてきた。この純粋な白い色が自然の産物だから、このような気持ちになれるのだろうか。そしてわたしは、自然が大好きだ。自然から得られるすべての恵み(注4)は、ありがたいものと考えているからだ。

こんなことを 58 、両親や友だちからの返事のメールを楽しみにしていた。

(注1) 芝生：芝が全体的に生えていることろ
(注2) 一面：そのあたり全体
(注3) バルコニー：家の外側に出ているベランダ
(注4) 恵み：人間の力をこえた大きな力が、あたえるもの、ありがたいもの

54

1 よかったし 　　2 いいのに 　　3 いいかな 　　4 よくても

55

1 で 　　2 が 　　3 は 　　4 も

56

1 着させずに 　　2 着られずに 　　3 着せずに 　　4 着ずに

57

1 によって 　　2 にむけて 　　3 にとって 　　4 について

58

1 思いながら 　　2 思うのは 　　3 思うと 　　4 思っても

第4日

坊主が屏風に、上手に坊主の絵を描いた

問題1 ＿＿＿のことばの読み方として最もよいものを、1・2・3・4から一つえらびなさい。

1 外国で母国のことばを聞くと、安心する。

   1 ぼこく   2 ははこく   3 ぼごく   4 ははごく

2 ごみは決められた日に捨てるようにと、家主さんに言われた。

   1 かしゅ   2 やぬし   3 いえしゅ   4 かぬし

3 日曜日、渋谷は人出が多かった。

   1 じんしゅつ   2 じんで   3 ひとしゅつ   4 ひとで

4 この映画の終了予定時間は17時15分です。

   1 しゅうりょ   2 しゅりょう   3 しゅりょ   4 しゅうりょう

5 「田中」「鈴木」「山本」は日本ではとても多い名字です。

   1 めいじ   2 みょうじ   3 なじ   4 なまえ

6 高校時代の友だちは、美術大学に進んだ。

   1 めいじゅつ   2 うつじゅつ   3 びじゅつ   4 みじゅつ

7 駅前の様子は、ここ 10 年間で変わった。

1 ようす   2 さまこ   3 さます   4 ようこ

8 その電話はとつぜん夜中にかかってきた。

1 やなか   2 よるちゅう   3 よなか   4 よるなか

問題2 ＿＿＿のことばを漢字で書くとき、最もよいものを、1・2・3・4から一つえらびなさい。

9 日本のレストランでは、冬でもよくこおりの入った飲み物が出される。

1 水   2 氷   3 永   4 泳

10 職場に行くために、駅で地下鉄に乗りかえた。

1 変えた   2 返えた   3 換えた   4 代えた

11 パトカーが盗まれるというじけんが起こった。

1 事見   2 自見   3 自件   4 事件

12 週末は約束がかさなって、忙しいです。

1 重なって   2 植なって   3 欠なって   4 省なって

13 いつでも買い物ができて、コンビニエンスストアはとてもべんりだ。

1 便理   2 便利   3 辺理   4 辺利

14 ヨーロッパの国で、新しいこくおうが生まれた。

1 国王   2 国玉   3 囲王   4 囲玉

37

問題3 （　　）に入れるのに最もよいものを、1・2・3・4から一つえらびなさい。

15 はずかしくて、顔が（　　　　　）になってしまった。

1 真っ赤　　　　　2 真っ茶　　　　　3 真っ黒　　　　　4 真っ白

16 この試験は合格率が低い、とても（　　　　）試験だ。

1 くるしい　　　　2 こわい　　　　　3 にぶい　　　　　4 きびしい

17 主人公の（　　　　）を考えながら小説を読む。

1 心理　　　　　　2 信頼　　　　　　3 心身　　　　　　4 予感

18 ゆっくりと温泉に入って、毎日の（　　　　）を取りたい。

1 苦しみ　　　　　2 悩み　　　　　　3 疲れ　　　　　　4 休み

19 卒業式のスピーチはとても（　　　　）的だった。

1 感動　　　　　　2 感激　　　　　　3 感心　　　　　　4 感覚

20 この書類を持って、入国管理局に2週間（　　　　）に行ってください。

1 以上　　　　　　2 以下　　　　　　3 以外　　　　　　4 以内

21 どんなスポーツでも、基礎的な（　　　　）が必要である。

1 動力　　　　　　2 体力　　　　　　3 馬力　　　　　　4 努力

22 友だちのたんじょう日に、いい（　　　　）のレストランを予約した。

1 ビジネス　　　　2 スペース　　　　3 ムード　　　　　4 コミュニケーション

23 上田さんに子どもが生まれ、会社のみんなが（　　　　　）をおくった。

　　1　お年玉　　　　　2　ボーナス　　　　3　奨学金　　　　4　お祝い

24 下の階に引っ越してきた（　　　　　）です。よろしくお願いします。

　　1　人　　　　　　　2　者　　　　　　　3　先　　　　　　4　方

25 まずは無料のサンプル商品を（　　　　　）ください。

　　1　お求め　　　　　2　お届け　　　　　3　お試し　　　　4　お示し

問題4 　＿＿＿に意味が最も近いものを、1・2・3・4から一つえらびなさい。

26 全国でインフルエンザが流行している。

　　1　わいて　　　　　2　広がって　　　　3　治って　　　　4　起こって

27 今はおなかがぺこぺこだ。

　　1　痛い　　　　　　2　疲れた　　　　　3　すいた　　　　4　冷えた

28 今日は特別に、高級チョコレートをサービスします。

　　1　発送します　　　2　売ります　　　　3　ならべます　　4　割引します

29 お客様からのクレームは店長に報告してください。

　　1　不満　　　　　　2　お願い　　　　　3　応援　　　　　4　お礼

30 あの先生に英語を教わったことがある。

　　1　聞いた　　　　　2　伝えた　　　　　3　習った　　　　4　話した

問題5　つぎのことばの使い方として最もよいものを、1・2・3・4から一つえらびなさい。

31 えらい

1　このバナナ、もうえらくなってきたから捨てましょう。

2　お金持ちの人がみんなえらいわけではない。

3　前髪が伸びたので、すこしえらくしてください。

4　いくつになっても、この子の考え方はえらいままだ。

32 大事

1　車の免許を取ってから、スピードを大事に運転している。

2　時間を大事に見て、早めに待ち合わせ場所に行った。

3　仕事で大事に思ったことは、すべてメモしている。

4　もうお年ですから、お気持ちを大事にしてください。

33 窓口

1　はじめての方は、窓口で保険証をお出しください。

2　レストランの窓口に、コートとぼうしを預けた。

3　火事になったら、指示にしたがって、非常の窓口からにげるように。

4　荷物はドアの窓口の前に置かないでください。

34 さっぱり

1　ほしいものが高くて買えず、さっぱりした。

2　あの子はいつもさっぱり笑っている。

3　腰まであった長い髪を切って、さっぱりした。

4　親友の五代君のことは、さっぱり覚えている。

35 盛り上がる

1　本日は雨の中、当店に盛り上がっていただき、ありがとうございます。

2　ここは波や風が盛り上がって、サーフィンにいい。

3　どうもこの仕事のやり方を、よく盛り上がっていない。

4　同窓会ではなつかしい話がたくさん出て、盛り上がった。

40

問題6　つぎの文の（　　）に入れるのに最もよいものを、1・2・3・4から一つえらびなさい。

36 鈴木さん、さきほどお客様が（　　　　　）よ。

1　お越しました　　　　　　　　　2　見えました
3　おいでました　　　　　　　　　4　見ました

37 プロの選手と戦っても、まず勝てる（　　　　）と思ってしまう。

1　わけがない　　　2　べきもない　　　3　ことでない　　　4　ものもない

38 アラムさん、この作文、よく（　　　　）いますね。

1　書かせられて　　2　書かされて　　　3　書かせて　　　4　書けて

39 リン「日本では東京以外ではどんなところに人がたくさんいるの。」
　　山本「そうだな。大阪（　　　）名古屋（　　　）大都会には人が集まってくるよ。」

1　か　／　か　　　　　　　　　　2　と　／　などの
3　とか　／　とかの　　　　　　　4　と　／　の

40 大学で勉強する（　　　　）、小説を書いている。

1　いっぽうで　　　2　以上　　　　　3　うちに　　　　4　うえで

41 大川「何だか、雨が降りそうだね。」
　　木村「それなら、傘を持っていく（　　　　）よ。」

1　ことにする　　　2　ことになる　　　3　つもりだ　　　4　べきだった

42 テストを受けている（　　　　　）、携帯電話を見るとカンニングになる。

1　せいか　　　　　2　ところが　　　3　最中に　　　　4　どころで

41

43 あのマンガは一度（　　　　）きり、どこかに片付けてしまった。

1　読む　　　　　　　2　読んだ　　　　　　3　読んでいた　　　4　読んでいる

44 この桜の並木道（　　　　）歩いて行くと、大学がある。

1　にそって　　　　　2　によって　　　　　3　にとって　　　　4　について

45 「うん」という返事は、子ども（　　　　）ので、大人はやめたほうがいい。

1　がち　　　　　　　2　気味　　　　　　　3　らしい　　　　　4　っぽい

46 電話はマナーモード（　　　　）、通話はご遠慮ください。

1　としても　　　　　2　にしても　　　　　3　にして　　　　　4　とみて

47 どうか息子が行きたい学校に（　　　　）。

1　入ってほしい　　　　　　　　　　2　入るように
3　入れますように　　　　　　　　　4　入ってください

48 勝つときも（　　　）負けるときも（　　　）。それがスポーツだ。

1　あれば　／　ある　　　　　　　　2　あれば　／　ない
3　なければ　／　ない　　　　　　　4　ないし　／　あるし

42

問題7　つぎの文の＿＿★＿＿に入る最もよいものを、1・2・3・4から一つえらびなさい。

49 食後のデザートは ＿＿＿＿ ＿＿＿＿ ＿★＿ ＿＿＿＿ よ。

　　1　とは言っていない　　　　　　　2　そんなにいらない

　　3　ぜんぜんいらない　　　　　　　4　とは言ったけど

50 学校を ＿＿＿＿ ＿＿＿＿ ＿★＿ ＿＿＿＿ といいんだけど。

　　1　までに　　　　　2　試験に　　　　　3　卒業する　　　　4　合格できる

51 外に ＿＿＿＿ ＿＿＿＿ ＿★＿ ＿＿＿＿ はじめた。

　　1　とたんに　　　　2　降り　　　　　　3　にわか雨が　　　4　出た

52 いつもわたしに ＿＿＿＿ ＿＿＿＿ ＿★＿ ＿＿＿＿ とても感謝している。

　　1　くれた　　　　　2　両親には　　　　3　させて　　　　　4　好きなことを

53 この問題をいったい ＿＿＿＿ ＿＿＿＿ ＿★＿ ＿＿＿＿ わからない。

　　1　いいのか　　　　2　相談　　　　　　3　だれに　　　　　4　すれば

問題8　つぎの文章を読んで、文章全体の内容を考えて、　54　から　58　の中に入る
　　　　最もよいものを、1・2・3・4から一つ選びなさい。

　　世界中の外国人は日本に来て、自動販売機の多さと種類に驚きます。日本にこれだけ
自動販売機が多いのは、もちろん、　54　からです。海外では、道端(注1)に自動販売
機がある、なんてことは絶対にありません。そんなことを　55　、一晩で壊され、中
の商品とお金を奪われるからです。

　　海外では、自動販売機はあっても、ホテルのロビーとかショッピングモールの中とか
の屋内です。

　　56　、タバコや清涼飲料水だけです。飲物の種類もそんなにありません。また、
故障していることもよくあります。（中略）

　　基本的に海外の人は、自動販売機が壊れていても驚きません。そういうこともあると
分かっているのです。

　　日本の自動販売機は、　57　壊れません。もし、壊れていても連絡先がちゃんと書
いてあって、お金を取り戻すことができます。

　　また、外国人が驚くのは、冬に「温かい飲物」と「冷たい飲物」が、同時に売ってい
ることです。日本人には当たり前のことになりましたが、外国人は衝撃(注2)を受けます。

　　また、飲物の種類の多さにも驚きます。お汁粉(注3)や甘酒(注4)　58　売っている
のです。（後略）

（鴻上尚史『クール・ジャパン!?──外国人が見たニッポン』講談社現代新書）

（注1）道端：道にそったところ
（注2）衝撃：強い驚き
（注3）お汁粉：おもちと小豆とさとうで作った、あまい食べ物
（注4）甘酒：米などでできているあまい飲み物

44

54

1 機械が小さい   2 技術が進んでいる

3 治安がいい   4 値段が安い

55

1 してみて   2 したら   3 するとき   4 してみると

56

1 それも   2 それでも   3 それが   4 それと

57

1 たまに   2 一度も   3 ときどき   4 めったに

58

1 だけ   2 まで   3 など   4 から

第5日

赤巻紙　青巻紙　黄巻紙
(あかまきがみ)　(あおまきがみ)　(きまきがみ)

問題1 ＿＿＿のことばの読み方として最もよいものを、1・2・3・4から一つえらびなさい。

1 国から船便で荷物が送られてきた。

  1　ふなびん　　　　2　ふねびん　　　　3　ふなべん　　　　4　ふねべん

2 これまでの努力が実を結んだ。

  1　じつ　　　　　　2　じ　　　　　　　3　み　　　　　　　4　みの

3 今日の試合は、雨でも決行される。

  1　けつこう　　　　2　けっこう　　　　3　けつこ　　　　　4　けっこ

4 指の骨がおれ、外科のある病院に行った。

  1　そとか　　　　　2　かか　　　　　　3　がいか　　　　　4　げか

5 進路のことで先輩に助言をもらった。

  1　じょごん　　　　2　じょうごん　　　3　じょげん　　　　4　じょうげん

6 できるだけ毎日生野菜を食べなさい。

  1　しょうやさい　　2　なまやさい　　　3　せいやさい　　　4　いきやさい

46

7 教室では空いている席にすわる。

1　そらいて　　　　2　からいて　　　　3　あいて　　　　4　くういて

8 太平洋で、大型の台風が発生した。

1　だいけい　　　　2　だいかた　　　　3　おおけい　　　　4　おおがた

問題2　　　　　のことばを漢字で書くとき、最もよいものを、1・2・3・4から一つえらび
なさい。

9 息子は、来月はじめて外国へ行く。

1　開めて　　　　2　泊めて　　　　3　費めて　　　　4　初めて

10 お風呂に入って体をあたためた。

1　暖めた　　　　2　温めた　　　　3　熱めた　　　　4　暑めた

11 冬はスキーやスケートのきせつです。

1　委節　　　　2　委接　　　　3　季節　　　　4　季接

12 祖父母は四人の子どもをそだてた。

1　育てた　　　　2　生てた　　　　3　産てた　　　　4　学てた

13 頭がかたいと、なかなか新しいことが生み出せない。

1　型い　　　　2　固い　　　　3　難い　　　　4　形い

14 母親は小さい子どもに、えほんを読んで聞かせた。

1　画木　　　　2　画本　　　　3　絵木　　　　4　絵本

47

問題3 （　　）に入れるのに最もよいものを、1・2・3・4から一つえらびなさい。

15 クイズの答えを（　　　　　）、賞品をもらおう。

　　1　聞いて　　　　　2　叫んで　　　　　3　当てて　　　　　4　決めて

16 雨の日に傘を（　　　　）歩く。

　　1　のせて　　　　　2　たてて　　　　　3　しいて　　　　　4　さして

17 引っ越しをするので、荷物を運ぶための（　　　　）を借りた。

　　1　トラック　　　　2　トランプ　　　　3　クッション　　　4　ホース

18 そんなに嫌なら、（　　　　）にすることはない。

　　1　無駄　　　　　　2　無理　　　　　　3　不満　　　　　　4　不便

19 ジョギングをしてから、シャワーを浴びると、（　　　　）する。

　　1　すっきり　　　　2　あっさり　　　　3　ぐったり　　　　4　くっきり

20 赤ちゃんを体の前で（　　　　）しているお母さんが来た。

　　1　おむつ　　　　　2　いたずら　　　　3　だっこ　　　　　4　おんぶ

21 今の会社に入るとき、社長の（　　　　）を1回受けた。

　　1　案内　　　　　　2　報告　　　　　　3　面接　　　　　　4　調査

22 さっき言ったことは、（　　　　）うそだったんです。

　　1　実は　　　　　　2　よく　　　　　　3　確か　　　　　　4　絶対に

23 (　　　　) ことは、先にやってしまおう。

　　1　手ごろな　　　　2　勝手な　　　　3　けちな　　　　4　面倒な

24 今から参加を申し込んでも、まだ（　　　　）？

　　1　伸びる　　　　2　間に合う　　　　3　うつる　　　　4　届く

25 (　　　　) のクラスで、はじめから日本語を勉強している。

　　1　単語　　　　2　初級　　　　3　方言　　　　4　合格

問題4 _____に意味が最も近いものを、1・2・3・4から一つえらびなさい。

26 台所にゴキブリが<u>出て</u>、びっくりした。

　　1　現れて　　　　2　飛んで　　　　3　死んでいて　　　　4　通って

27 この DVD を捨てるのは<u>もったいない</u>。

　　1　残念だ　　　　2　簡単だ　　　　3　おしい　　　　4　つまらない

28 このテストなら、<u>少なくとも</u> 60 点はとれる。

　　1　最低でも　　　　2　最高でも　　　　3　苦手でも　　　　4　時間がなくても

29 <u>ぜひ</u>わたしたちの家に遊びに来てください。

　　1　まず　　　　2　どうか　　　　3　せっかく　　　　4　やっと

30 フランス料理の<u>マナー</u>をよく知りません。

　　1　材料　　　　2　順序　　　　3　メニュー　　　　4　礼儀

49

問題5 つぎのことばの使い方として最もよいものを、1・2・3・4から一つえらびなさい。

31 気温

1 今日は35度近くまで気温が上がるそうだ。
2 世界の気温は温暖化している。
3 エアコンで部屋の中の気温を調節した。
4 今日はいい気温だから、洗濯しよう。

32 はる

1 部屋の中にコピー機がはってある。
2 ここにボールペンでお名前をはってください。
3 天気がいい日は布団をベランダにはろう。
4 絵はがきに切手をはって出した。

33 あやしい

1 村下さんが時間通りに来るかどうか、あやしい。
2 いたずらばかりしているが、あの子は本当はあやしい子だ。
3 バーゲン会場はあやしいほど人が多かった。
4 勉強も習いごとも、長く続けるのはあやしいことだ。

34 失敗

1 エレベーターが動かないのは、ボタンを失敗したからだろう。
2 このノートパソコンを買ったことは失敗だった。
3 今度、家の失敗で転校することになった。
4 会社が倒産して父は失敗中だ。

35 ショック

1 100円ショップの商品は、安さのショックだ。
2 有名選手の違法薬物使用に、ショックを思った。
3 予想よりテストの点数が悪かったので、ショックだった。
4 患者がショックを見ないよう、まず家族に病状を説明しておく。

問題6 つぎの文の（　）に入れるのに最もよいものを、1・2・3・4から一つえらびなさい。

36 それではみなさま、今からマジックショーを（　　　）。

1　ご覧に入れましょう　　　　　　　2　ご覧しましょう

3　お見せになりましょう　　　　　　4　お見せに入れましょう

37 電車が止まった（　　　）、約束の時間に遅れてしまった。

1　あいだは　　　　2　ためか　　　　3　せいで　　　　4　せいか

38 妹は小さいころ病気（　　　）で、よく学校を休んでいた。

1　ぎみ　　　　　2　だらけ　　　　3　しだい　　　　4　がち

39 めがねをかけているからといって、目が悪い（　　　）。

1　に違いない　　　2　に限らない　　3　わけでもない　　4　のではないか

40 郭さんは去年の7月に留学生（　　　）初来日した。

1　として　　　　　2　からみて　　　3　らしく　　　　4　のまま

41 みなさまのご意見を（　　　）。

1　お聞きたまわります　　　　　　　2　うけたまわります

3　申したまわります　　　　　　　　4　ぞんじたまわります

42 友だちは、独身生活は気楽な（　　　）、老後が心配だと言っていた。

1　いっぽうで　　　2　もので　　　　3　ときと　　　　4　わけで

51

43 いつもごはんを食べて（　　　　　）、少し昼寝している。

1　眠くならなくて　　　　　　　　2　眠くなると

3　眠くならずに　　　　　　　　　4　眠くなったり

44 先ほど伊藤さん（　　　　　）方からお電話がありました。

1　という　　　　2　みたいな　　　　3　かどうかの　　　　4　とか

45 入学試験はすべて終わった。あとは結果（　　　　　）心配だ。

1　だけに　　　　2　だけが　　　　3　だけで　　　　4　だけしか

46 係長が来月、転勤（　　　　　）そうだ。

1　される　　　　2　いたす　　　　3　になれる　　　　4　いたされる

47 A「興味があるなら、自分で調べて（　　　　　）？」
　 B「わかった。そうするよ。」

1　みてどう　　　　　　　　　　　2　みたらどう

3　みてもどう　　　　　　　　　　4　みたのにどう

48 みんなの前であいさつをする（　　　　　）、市長は成人式の会場を出て行った。

1　まま　　　　2　し　　　　3　と　　　　4　ところ

52

問題7　つぎの文の　★　に入る最もよいものを、1・2・3・4から一つえらびなさい。

49 このお店には ＿＿＿ ＿＿＿ ★ ＿＿＿ たくさんある。

　　1　おもちゃが　　　　2　ほしがり　　　　3　子どもが　　　　4　そうな

50 仕事でお客様に ＿＿＿ ＿＿＿ ★ ＿＿＿ ことはない。

　　1　ほめられた　　　　2　ほど　　　　3　うれしい　　　　4　とき

51 店長がアルバイトのために、正しい ＿＿＿ ＿＿＿ ★ ＿＿＿ 作った。

　　1　ための　　　　　　　　　　　　2　簡単なプリントを
　　3　覚えさせる　　　　　　　　　　4　敬語を

52 忙しいときに個人的な理由で ＿＿＿ ＿＿＿ ★ ＿＿＿ 。

　　1　会社を　　　　　2　言いづらい　　　3　とは　　　　4　休みたい

53 学生の ＿＿＿ ＿＿＿ ★ ＿＿＿ 長島君も、今は自分の会社を経営している。

　　1　遊んで　　　　　2　ばかりいた　　　3　ときは　　　　4　のんきな

53

問題8　つぎの文章を読んで、文章全体の内容を考えて、　54　から　58　の中に入る
最もよいものを、1・2・3・4から一つ選びなさい。

むかしむかし、あるところに、浦島太郎という漁師がいました。

ある日、太郎は、子どもたちにいじめられていたカメを、かわいそうに思って助けました。数日後、助けたカメが現れて、「この間は助けて　54　、ありがとうございました。お礼　55　竜宮城（注1）へご招待しましょう」と言いました。

そこで太郎はカメの背中に乗って海へと入り、立派なお城につきました。そこで美しい乙姫さま（注2）の出迎えをうけ、毎日楽しく暮らすうちに、いつの間にか三年の月日がたってしまいました。

三年目になると、太郎は、父と母に会いたくなり、帰ることにしました。

乙姫さまは、太郎にきれいな玉手箱（注3）をわたして、「もし、またここに来たければ、この箱を　56　開けてはいけません」と言いました。

太郎はまたカメの背中に乗り、元の浜辺につきました。しかしそこは昔とはずいぶん違っていて、家のあったところに何もありませんでした。太郎は驚き、やってきた一人のおばあさんに、「浦島太郎の家はどこですか」と聞きました。

「浦島太郎？　その人は300年も前の人ですよ。なんでもつりへ　57　、帰って来なかったそうですよ」と答えました。

太郎は乙姫さまに言われたことも忘れ、玉手箱を開けてしまいました。　58　、箱の中から白いけむりが出てきて、太郎の体をつつみ、太郎はおじいさんになってしまいました。

（注1）竜宮城：海の中にある想像上のお城
（注2）乙姫さま：竜宮城に住むお姫さま
（注3）玉手箱：ひみつの箱

54

  1 さしあげ   2 くださり   3 あげ   4 やり

55

  1 に   2 の   3 で   4 は

56

  1 まったく   2 めったに   3 決して   4 少しも

57

  1 行ったまま   2 行ったところに

  3 行ったあとで   4 行ったときは

58

  1 そこで   2 つまり   3 また   4 すると

第6日

カエルぴょこぴょこ　三ぴょこぴょこ

問題1 ＿＿＿＿のことばの読み方として最もよいものを、1・2・3・4から一つえらびなさい。

1 この地方都市では学校の数が減少している。

1　げんしょ　　　　2　げんしょう　　　　3　げんじょ　　　　4　げんじょう

2 わたしはいつも八百屋で野菜を買う。

1　はっぴゃくや　　2　やおや　　　　3　はちひゃくおく　　4　やおく

3 飛行機のチケットを往復で買った。

1　おふ　　　　2　おうふ　　　　3　おふく　　　　4　おうふく

4 A社とは長年のお付き合いがある。

1　ながとし　　　　2　ちょうとし　　　　3　ながねん　　　　4　ちょっねん

5 うそをついたことを、両親に謝ろうと思う。

1　だまろう　　　　2　あやまろう　　　　3　ねむろう　　　　4　ことわろう

6 歌は時代を映す鏡である。

1　うつす　　　　2　さらす　　　　3　えいす　　　　4　しゃす

7 最近はオリンピックといっしょに、パラリンピックも人気が出てきた。

1　にんき　　　　　2　にんぎ　　　　　3　ひとけ　　　　　4　ひとげ

8 来月の半ばに新しいホテルができるそうだ。

1　はんば　　　　　2　としば　　　　　3　ちょうば　　　　4　なかば

問題2　　＿＿＿＿のことばを漢字で書くとき、最もよいものを、1・2・3・4から一つえらび
　　　　なさい。

9 これは江戸時代のかたなです。

1　力　　　　　　　2　刃　　　　　　　3　丸　　　　　　　4　刀

10 日本では石油のゆにゅうが増えている。

1　有入　　　　　　2　輸入　　　　　　3　流入　　　　　　4　移入

11 会社のやくいん会で新しい社長が選ばれた。

1　議員　　　　　　2　会員　　　　　　3　役員　　　　　　4　委員

12 風で桜の花がちってしまった。

1　流って　　　　　2　投って　　　　　3　飛って　　　　　4　散って

13 カラスが大きなはねを広げて飛んで行った。

1　羽　　　　　　　2　鼻　　　　　　　3　葉　　　　　　　4　根

14 昼ごはんは、コンビニのサンドイッチですませた。

1　捨ませた　　　　2　進ませた　　　　3　済ませた　　　　4　終ませた

問題3 （　　）に入れるのに最もよいものを、1・2・3・4から一つえらびなさい。

15 道が車でいっぱいで、（　　　　　）しないと先に進めない。

　　1　通過　　　　　　　2　先回り　　　　　　3　回り道　　　　　4　一方通行

16 授業中の（　　　　　）が悪くて、先生に怒られてしまった。

　　1　立場　　　　　　　2　くせ　　　　　　　3　態度　　　　　　4　習慣

17 旅行のとき、荷物は（　　　　　）少ないほうが楽だ。

　　1　どうか　　　　　　2　なるべく　　　　　3　たいてい　　　　4　なんども

18 この秘密だけは、（　　　　　）友人にも話していない。

　　1　正しい　　　　　　2　楽しい　　　　　　3　濃い　　　　　　4　親しい

19 コーヒーは、料理と（　　　　　）で注文すると安くなる。

　　1　セット　　　　　　2　セール　　　　　　3　グループ　　　　4　イコール

20 それでは、二人（　　　　　）ペアになって、会話練習をしてください。

　　1　おき　　　　　　　2　むき　　　　　　　3　ずつ　　　　　　4　とか

21 窓をふいたら、外の様子が（　　　　　）見えるようになった。

　　1　しっかり　　　　　2　たっぷり　　　　　3　じっくり　　　　4　はっきり

22 洗濯物がまだ（　　　　　）いて、乾いていない。

　　1　よごれて　　　　　2　しめって　　　　　3　やぶれて　　　　4　かれて

23 エアコンから変な音がするので、また（　　　　　）だろうか。

1　停止 　　　　　　2　事故 　　　　　　3　故障 　　　　　　4　停電

24 きびしい上司にほめられて、思わず（　　　　　）した。

1　にこにこ 　　　　2　くよくよ 　　　　3　むかむか 　　　　4　うとうと

25 冷蔵庫の（　　　　　）の支払いは、分割でも大丈夫です。

1　代金 　　　　　　2　料金 　　　　　　3　手数料 　　　　　4　大金

問題４　＿＿＿＿に意味が最も近いものを、１・２・３・４から一つえらびなさい。

26 もう着なくなった服を、ゆずります。

1　貸します 　　　　2　売ります 　　　　3　取り替えます 　　4　届けます

27 電車が来なくて、いらいらする。

1　心配する 　　　　2　腹が立つ 　　　　3　遅刻する 　　　　4　疲れる

28 彼女は、とてもわがままだ。

1　勝手 　　　　　　2　無力 　　　　　　3　陽気 　　　　　　4　自由

29 すみません、お会計は別々にお願いします。

1　はじめに 　　　　2　あとで 　　　　　3　正しく 　　　　　4　分けて

30 たくさんの人の前で、緊張する。

1　わらう 　　　　　2　さける 　　　　　3　あがる 　　　　　4　見下ろす

問題5　つぎのことばの使い方として最もよいものを、1・2・3・4から一つえらびなさい。

31 やとう

1　社長は新しくエンジニアを一人やとった。
2　会議の結果、わたしの新企画は社内でやとわれた。
3　妹は委員としてクラスの先生にやとわれた。
4　大けがをして病院にやとわれることになった。

32 まぶしい

1　困った人を助けたいなんて、考え方がまぶしいね。
2　ステージが少し暗いので、もう少しまぶしくしてください。
3　急に車のヘッドライトを向けられて、まぶしかった。
4　あのレストランは店内がまぶしくて、お客さんが多い。

33 いっぺん

1　不満を言わないで、いっぺんに働きなさい。
2　この前はいっぺんにお見舞いに来てくれてありがとう。
3　夏休みの宿題を3日でいっぺんにやってしまった。
4　窓の外を見ていたら、辺りがいっぺんに暗くなっていた。

34 ダウンロード

1　林さんはこの会社で一番のダウンロードだ。
2　よく使うソフトフェアを、パソコンにダウンロードした。
3　ここのところにお名前をダウンロードしてください。
4　電気をむだに使わないために、ダウンロードを考えている。

35 ほしがる

1　学生は、学費が上がる理由を早くほしがっている。
2　わたしが前からほしがっていた電動自転車を買った。
3　犬がいっしょに遊んでと、しっぽを振ってほしがっている。
4　勉強しない息子には、何をほしがっても買わない。

問題6　つぎの文の（　　）に入れるのに最もよいものを、1・2・3・4から一つえらびなさい。

36　子どもが元気に生まれたときは、どれほどうれしかった（　　　　）。

　1　ことか　　　　　2　ことに　　　　　3　ことだ　　　　　4　ことだった

37　1年前（　　　　）、背が5センチも伸びた。

　1　につれて　　　　2　にくらべて　　　3　に対して　　　4　に関して

38　うちの小鳥は、ペット（　　　　）家族の一員になっている。

　1　というのは　　　2　といえば　　　　3　というより　　4　というと

39　この山の上には、夏で（　　　　）雪がある。

　1　だけ　　　　　　2　しか　　　　　　3　まで　　　　　4　さえ

40　三月（　　　）四月（　　　）、日本は引っ越しのシーズンである。

　1　に　／　まで　　　　　　　　　　2　から　／　にかけて
　3　と　／　まで　　　　　　　　　　4　や　／　にかけて

41　強い風がふいてきて、（　　　　）雨も降ってきた。

　1　そのうえ　　　　2　そこで　　　　　3　そのため　　　4　それも

42　問題は解決したから、もう悩む（　　　　）よ。

　1　ところもない　　2　べきもない　　　3　ときがない　　4　ことはない

43　広島へは新幹線で行きますか、（　　　　）、飛行機で行きますか。

　1　また　　　　　　2　あるいは　　　　3　しかも　　　　4　それから

61

44 彼は、世界一のスポーツ大会（　　　　　）、サッカーのワールドカップだと言う。

1　というのが　　　　2　というが　　　　3　といえば　　　　4　というのも

45 時間がたつにつれて、気持ちが少しずつ（　　　　）。

1　不安だ　　　　　　　　　　　2　不安だった
3　不安だと思った　　　　　　　4　不安になった

46 テレビを（　　　　）まま、眠ってしまった。

1　つける　　　　　2　つけて　　　　3　つけた　　　　4　つけ

47 娘に「お父さん（　　　　）大嫌い」と言われてしまった。

1　なんと　　　　　2　なんか　　　　3　なんで　　　　4　など

48 お客様、このお名前は何と（　　　　）よろしいでしょうか。

1　お読みしたら　　　　　　　　2　お読みできたら
3　お読みになったら　　　　　　4　お読みされたら

62

問題7 つぎの文の ★ に入る最もよいものを、1・2・3・4から一つえらびなさい。

49 じっくり ＿＿＿ ＿＿＿ ★ ＿＿＿ しなかったら、いつするんだろうか。

1 できる　　　　　2 うちに　　　　　3 勉強を　　　　　4 勉強が

50 この町はたくさんの ＿＿＿ ＿＿＿ ★ ＿＿＿ 有名な町ですね。

1 友だちが　　　　2 とおりの　　　　3 アニメで　　　　4 言っていた

51 本当に ＿＿＿ ＿＿＿ ★ ＿＿＿ しかないだろう。

1 高くても　　　　2 たとえ　　　　　3 必要なら　　　　4 買う

52 急に話しかけられて、思わず、＿＿＿ ＿＿＿ ★ ＿＿＿ しまった。

1 わからない　　　2 にげて　　　　　3 日本語が　　　　4 ふりをして

53 停電が ＿＿＿ ＿＿＿ ★ ＿＿＿ 最中だった。

1 のは　　　　　　　　　　　　　2 乗っている
3 エレベーターに　　　　　　　　4 起こった

問題8 つぎの文章を読んで、文章全体の内容を考えて、 54 から 58 の中に入る
最もよいものを、1・2・3・4から一つ選びなさい。

　日本には「ストレス」を癒す(注1)グッズや施設が多い、という内容でした。サウナと
かマッサージチェアとかヒーリングCD(注2)とか、です。

　「このグッズ、どう思う？」と外国人に訊く(注3)と、スペイン人が「まったく必要ない」
と答えました。「じゃあ、ストレスがたまったらどうしてるの？」と訊くと「僕、スト
レス、 54 から」と言い放ちました(注4)。

　「ちょっと待て、それはいくらなんでも嘘だろう」ともっと詳しく訊くと、「ストレス
をためることがない。 55 、こういうグッズは必要ない」ということでした。（中略）

　イタリア人女性が「ストレスはあるけど、すぐに解消するわ。その場でできる限り、
ストレスがたまらないようにするから」と説明しました。中国人女性が「中国では上司
に言いたいことを 56 わ。そういうオープンな雰囲気(注5)があるの。でも、日本で
はそうはできないのよね」と少しつらそうに言いました。

　「一番の違いは、日本人はストレスを忘れようとするのね。でも、私たちはストレス
の原因を解決しようとするの。日本人は飲み会やオフ会(注6)で忘れようとするけど、そ
れは一時的なものよ。またストレスはぶり返す(注7)わ」とイタリア人女性。（中略）

　外国人から見ると、日本人はストレスが起こる相手や原因 57 、充分に話し合っ
てないように見えるようです。 58 ストレスの原因や根本(注8)に向き合わないで、
ストレスを忘れるためにいろんな工夫をしていると思う、と外国人は言いました。

（鴻上尚史『クール・ジャパン!?――外国人が見たニッポン』講談社現代新書）

64

（注1）癒す：病気を治したり、ストレスを減らす
（注2）ヒーリングCD：気持ちを落ち着かせるときに聞くCD
（注3）訊く：相手の意見をたずねる
（注4）言い放つ：えんりょしないで言う
（注5）雰囲気：自然に作り出される気持ちやようす
（注6）オフ会：インターネットで知り合った人たちが、直接会う会
（注7）ぶり返す：一度はよくなった病気などが、また悪くなる
（注8）根本：一番の原因

54

 1 感じている   2 感じたくない

 3 感じてみたい   4 感じたことない

55

 1 また   2 そこで   3 だから   4 でも

56

 1 言わせた   2 言われる   3 言える   4 言わない

57

 1 に対して   2 に合わせて 3 にとって 4 によって

58

 1 どこでも   2 とにかく   3 どうして 4 どんなに

第7日

生麦　生米　生卵
（なまむぎ　なまごめ　なまたまご）

問題1　＿＿＿のことばの読み方として最もよいものを、1・2・3・4から一つえらびなさい。

1　お手数ですが、アンケートにご協力（きょうりょく）をお願いします。

　　1　てかす　　　　2　てすう　　　　3　しゅかず　　　　4　しゅすう

2　憲法を変えるときは、国民投票（こくみんとうひょう）が必要だ。

　　1　やくそく　　　2　ほうりつ　　　3　けんぽう　　　　4　じょうやく

3　春の野原にハイキングに出かけた。

　　1　やげん　　　　2　のげん　　　　3　やはら　　　　　4　のはら

4　この問題はあとで改めて考える。

　　1　あらためて　　2　あたらめて　　3　あたためて　　　4　あきらめて

5　登山のとちゅうで、きれいな花をたくさん見た。

　　1　とうざん　　　2　とざん　　　　3　どうさん　　　　4　どうざん

6　プレゼント用に、包んでください。

　　1　つつんで　　　2　つかんで　　　3　かこんで　　　　4　すすんで

66

7 「シンデレラ」の物語を読んだ。

   1　ぶつかたり　　　　2　ものかたり　　　　3　ぶつがたり　　　　4　ものがたり

8 私のスマホは、すぐに電池が減ってしまう。

   1　でんき　　　　　　2　でんち　　　　　　3　でんとう　　　　　4　でんげん

問題2 ＿＿＿＿＿のことばを漢字で書くとき、最もよいものを、1・2・3・4から一つえらび
なさい。

9 友だちとは、テストでどちらがいい点を取るか、きょうそうしている。

   1　競争　　　　　　　2　競走　　　　　　　3　競送　　　　　　　4　競相

10 この会社では本のへんしゅうをしている。

   1　片集　　　　　　　2　編集　　　　　　　3　片習　　　　　　　4　編習

11 もっとはやく泳げるようになりたい。

   1　狭く　　　　　　　2　遅く　　　　　　　3　速く　　　　　　　4　早く

12 きかいがあったら、外国に留学したい。

   1　議会　　　　　　　2　器械　　　　　　　3　機械　　　　　　　4　機会

13 ネットショップでキャンプ用品をかりた。

   1　完りた　　　　　　2　軽りた　　　　　　3　借りた　　　　　　4　貸りた

14 毎年母の日と父の日にはプレゼントをおくる。

   1　億る　　　　　　　2　置る　　　　　　　3　奥る　　　　　　　4　贈る

67

問題3 （　　　）に入れるのに最もよいものを、1・2・3・4から一つえらびなさい。

15 広い博物館を（　　　　　）にそって見学した。

1　矢印　　　　　　2　ボランティア　　3　グラフ　　　　4　順位

16 親切な川上さんには看護師の仕事が（　　　　　）と思う。

1　あまる　　　　　2　もてる　　　　　3　このむ　　　　4　あう

17 父の仕事の関係で、わたしも福岡に（　　　　　）することになった。

1　通学　　　　　　2　転勤　　　　　　3　転校　　　　　4　通院

18 とうふは（　　　　　）な食べ物だ。

1　スムーズ　　　　2　ヘルシー　　　　3　パワフル　　　4　プラス

19 選手がグラウンドに散って、今から（　　　　　）試合が始まる。

1　いよいよ　　　　2　わくわく　　　　3　いきいき　　　4　ところどころ

20 西田さんは最近ひげを長く（　　　　　）いる。

1　抱いて　　　　　2　持って　　　　　3　切って　　　　4　伸ばして

21 だれもいないと思ったが、人の気配が（　　　　　）。

1　する　　　　　　2　くる　　　　　　3　なる　　　　　4　みえる

22 このテーブルがほしいけど、場所を（　　　　　）から買えない。

1　あげる　　　　　2　とる　　　　　　3　ふせぐ　　　　4　たもつ

68

23 実験の結果は予想とは（　　　　）だった。

　　1　同じ　　　　　　2　本当　　　　　　3　当然　　　　　　4　逆

24 すみませんが、入場券を（　　　　）します。

　　1　ご覧　　　　　　2　一見　　　　　　3　拝見　　　　　　4　見物

25 三浦さんに（　　　　）貸してもらった本を返す。

　　1　後日　　　　　　2　この間　　　　　3　このごろ　　　　4　これから

問題4　＿＿＿＿に意味が最も近いものを、1・2・3・4から一つえらびなさい。

26 日本語よりも英語で仕事をするほうが、気が楽だ。

　　1　上手だ　　　　　2　集中できる　　　3　安心だ　　　　　4　単純だ

27 母はいつもおだやかに話す。

　　1　おもしろく　　　2　やさしく　　　　3　わかりやすく　　4　しずかに

28 彼は自分の腕ひとつで、成功した。

　　1　才能　　　　　　2　手　　　　　　　3　資金　　　　　　4　考え

29 この店ではお酒を扱っている。

　　1　整理して　　　　2　使用して　　　　3　生産して　　　　4　販売して

30 市民ホールでは、いろいろなイベントがある。

　　1　もよおし　　　　2　付き合い　　　　3　出会い　　　　　4　人ごみ

69

問題5　つぎのことばの使い方として最もよいものを、1・2・3・4から一つえらびなさい。

31 働く

1　今日は 18 時までコンピューターで働こう。

2　今、起きたので、頭がぜんぜん働かない。

3　きのうは仕事が休みで、ひさしぶりにゆっくりと働けた。

4　カーテンが風で、ゆっくりと働いている。

32 すごい

1　この電車は、ラッシュアワーになるとすごくこむ。

2　もう少しで合格できたのに、すごくよくなかったね。

3　ひさしぶりに会った友だちは、印象がすごく同じだった。

4　このシュークリームは、とてもすごくおいしかった。

33 なかなか

1　試験の問題を予想しても、なかなか当たるものだ。

2　授業がなかなか終わるので、帰る準備をする。

3　漢字が難しくて、なかなか覚えられない。

4　なかなか頑張っても、すぐに足が速くならない。

34 問い合わせる

1　この問題のことで、クラスメートと意見を問い合わせた。

2　質問が聞こえなかったので、もう一度問い合わせた。

3　学校の近くの本屋で、友だちと問い合わせた。

4　今からでも部屋が取れるか、ホテルに問い合わせた。

35 険しい

1　南先生はとても険しい先生で、よく宿題を出す。

2　あの建物は 15 階建ての険しいマンションだ。

3　この町は険しい坂道が多い。

4　山の温度が険しくなってきたから、少し休もう。

問題6 つぎの文の（　　）に入れるのに最もよいものを、1・2・3・4から一つえらびなさい。

36 この段ボール箱を使わないなら、ちょっと片付けて（　　　）？

1 あげる　　　　　　2 やる　　　　　　3 くれる　　　　　　4 みせる

37 先生は日本酒を（　　　）か。

1 お飲みします　　　　　　　　2 飲まれます
3 お飲みいただけます　　　　　　4 飲んでさしあげます

38 これからはより格差社会になると（　　　）。

1 言われている　　　　　　　2 言わせている
3 言われていく　　　　　　　4 言わされている

39 スピーチは、練習した（　　　）うまくいかなかった。

1 からには　　　　2 ようには　　　　3 わけには　　　　4 までには

40 これは中学生が作った作品（　　　）、よくできている。

1 にしては　　　　　　　　2 というよりも
3 わりに　　　　　　　　　4 にとっては

41 外国で生活している（　　　）、病気にならないように注意しなければ。

1 うちでは　　　　2 うちは　　　　3 うちに　　　　4 うちから

42 カセットテープは、今でも使われている（　　　）。

1 ことだろうか　　　　　　2 べきだろうか
3 はずだろうか　　　　　　4 のだろうか

43 学校をやめて、これからどうする（　　　　）なんだ！

1　べき　　　　　2　はず　　　　　3　つもり　　　　　4　ところ

44 パスポートを落としてしまい、旅行を（　　　　）。

1　したことにした　　　　　　　2　したくてもできなかった
3　してもかまわなかった　　　　4　してみようかと考えた

45 このハラール料理のレストランには、インド料理も（　　　　）スリランカ料理もある。

1　あろうと　　　　2　あって　　　　3　あれば　　　　4　あるなら

46 この仕事は、収入（しゅうにゅう）が安定しない（　　　　）、休みは取りやすい。

1　反面（はんめん）　　　2　ところに　　　3　一方（いっぽう）に　　　4　どころか

47 子どもは親の（　　　　）とおりには、育たないものだ。

1　言える　　　　2　言わせる　　　　3　言われる　　　　4　言う

48 学生たちは、夏休みは長い（　　　　）うれしいと言っている。

1　まま　　　　2　だけ　　　　3　よう　　　　4　ほど

問題7　つぎの文の＿★＿に入る最もよいものを、1・2・3・4から一つえらびなさい。

49 よく ＿＿＿ ＿＿＿ ＿★＿ ＿＿＿ 毎日がとても楽しい。

　　1　わりには　　　　2　選んだ　　　　3　わからずに　　　4　仕事の

50 宿題のプリントは先生に ＿＿＿ ＿＿＿ ＿★＿ ＿＿＿ いけない。よく復習しよう。

　　1　にしては　　　　2　もらったら　　　3　そのまま　　　　4　返して

51 夫にはもう少し家に ＿＿＿ ＿＿＿ ＿★＿ ＿＿＿ してほしい。

　　1　したり　　　　　2　いたり　　　　3　家事にも　　　　4　協力

52 ビザが延長できなかったら、一度 ＿＿＿ ＿＿＿ ＿★＿ ＿＿＿ でしょう。

　　1　しかたが　　　　2　国に帰る　　　3　ない　　　　　　4　しか

53 赤ちゃんは、お母さんに ＿＿＿ ＿＿＿ ＿★＿ ＿＿＿ ずっとボール遊びをしていた。

　　1　おもしろがって　　　　　　　　2　まで
　　3　呼ばれる　　　　　　　　　　　4　名前を

73

問題8　つぎの文章を読んで、文章全体の内容を考えて、　54　から　58　の中に入る最もよいものを、1・2・3・4から一つ選びなさい。

　　あなたは何時に起床し(注1)、朝食は何を食べ、夜は何時に寝ますか？　毎日なにげなく(注2)暮らしている　54　、私たちは「習慣」というものを無意識的に続けています。しかし、今のあなたの習慣は、本当にあなたにとって、良き習慣といえるでしょうか？

　　「生活習慣病」という言葉は、私がそれまでの呼称(注3)「成人病」に代えて「習慣病」を提言した(注4)ことで生まれました。喫煙、日々の食事、運動の有無などの習慣によって、病気が　55　ことがあるからです。逆にいえば、習慣を上手に選択することで、病気を予防し、より健やかな(注5)毎日を送ることができます。

　　「習慣がつくる、体も心も」。私の尊敬するアメリカ医学の開拓者(注6)、ウィリアム・オスラー先生（1849～1919）の言葉です。習慣は、心のありよう(注7)も変えるということです。私は、毎朝6時に起床しています。前日疲れていても、就寝(注8)時間が　56　遅くとも、目覚めはいつもさわやかです。そうした習慣のおかげで、生きがいを感じながら、清々しい(注9)気持ち　57　1日を送ることができています。

　　鳥は飛び方を変えることができないけれども、人間は決意次第で生き方の習慣を変えることができます。健やかなる人生のために、　58　を上手に取り入れてほしいと思います。

（日野原重明『100歳の金言』ダイヤモンド社）

（注1）起床する：朝起きる
（注2）なにげなく：無意識に、なんとなく
（注3）呼称：呼び方
（注4）提言する：多くの人に考えてもらうために、自分の新しい考え方を出す
（注5）健やかな：心も体も健康な
（注6）開拓者：新しい分野を切り開いた人
（注7）ありよう：ようす
（注8）就寝：寝る
（注9）清々しい：心も体もさわやかで、気持ちがよい

54

1 なかで 2 ところへ 3 最中に 4 わけで

55

1 引き起こす 2 引き起こさせられる
3 引き起こされる 4 引き起こさせる

56

1 こんなに 2 どんなに 3 あんなに 4 そんなに

57

1 と 2 で 3 に 4 が

58

1 心のありよう 2 清々しい気持ち
3 生きがい 4 良い習慣

第 8 日

この竹垣に竹立てかけたのは、竹立て掛けたかったからだ

問題1 ＿＿＿のことばの読み方として最もよいものを、1・2・3・4から一つえらびなさい。

1 きのう長崎から夜行バスで大阪へ来た。

 1 よこう 　　　 2 やこう 　　　 3 よるこ 　　　 4 やこ

2 教室に手ぶくろの片方だけが落ちていた。

 1 かたほう 　　 2 かたかた 　　 3 かたがた 　　 4 がたほう

3 生きている間に、宇宙旅行ができないかな。

 1 ま 　　　　　 2 かん 　　　　 3 げん 　　　　 4 あいだ

4 双子が生まれたので、母が手伝いに来てくれた。

 1 てつたい 　　 2 てつだい 　　 3 てづたい 　　 4 てづだい

5 試合に敗れて、くやしかった。

 1 はいれて 　　 2 たおれて 　　 3 やぶれて 　　 4 みだれて

6 急にメールが受信できなくなった。

 1 じゅしん 　　 2 じゅうしん 　 3 じゅっしん 　 4 じゅじん

7 歴史を学ぶと未来がわかる。

　　1　れきし　　　　2　れぎし　　　　3　しれき　　　　4　しれぎ

8 家族のために少しずつ貯金をしている。

　　1　ていきん　　　2　よきん　　　　3　ちょきん　　　4　ちょうきん

問題2　　_____のことばを漢字で書くとき、最もよいものを、1・2・3・4から一つえらび
　　　　なさい。

9 疲れて、勉強する気がおこらない。

　　1　起こらない　　　2　怒こらない　　　3　行こらない　　　4　落こらない

10 大好きだったおばさんが去年なくなった。

　　1　無くなった　　　2　亡くなった　　　3　死くなった　　　4　失くなった

11 数学の公式をもちいて、問題をとく。

　　1　持いて　　　　　2　望いて　　　　　3　用いて　　　　　4　落いて

12 彼女の両親も、二人のこうさいを見守っていた。

　　1　交際　　　　　　2　好際　　　　　　3　交祭　　　　　　4　好祭

13 夏休み、こうていでラジオ体操をした。

　　1　広庭　　　　　　2　高庭　　　　　　3　交庭　　　　　　4　校庭

14 つめたいビールはいかがですか。

　　1　令たい　　　　　2　低たい　　　　　3　冷たい　　　　　4　少たい

77

問題3 （　　）に入れるのに最もよいものを、1・2・3・4から一つえらびなさい。

15 高圧電流が流れているので、絶対にこれに（　　　　）と書いてある。

  1　入るな　　　　　　2　触るな　　　　　　3　来るな　　　　　　4　傾くな

16 （　　　　）知識では、この問題には答えられない。

  1　からい　　　　　　2　まずしい　　　　　3　ずうずうしい　　　4　やさしい

17 市村選手はマラソンで、89（　　　　）でゴールインした。

  1　次　　　　　　　　2　目　　　　　　　　3　回　　　　　　　　4　位

18 （電話で）「課長はただ今、席を（　　　　）おりますが……。」

  1　もらって　　　　　2　外して　　　　　　3　とばして　　　　　4　押さえて

19 これから入院するので、気が（　　　　）。

  1　重い　　　　　　　2　付かない　　　　　3　しない　　　　　　4　利かない

20 仲がいい佐藤さんが学校をやめるので、（　　　　）だ。

  1　有利　　　　　　　2　余分　　　　　　　3　残念　　　　　　　4　不調

21 兄は背が高くて、とても（　　　　）から、友だちに人気がある。

  1　かっこいい　　　　2　細かい　　　　　　3　手早い　　　　　　4　ふさわしい

22 事故にあったとき、保険会社が修理の（　　　　）を払ってくれた。

  1　料金　　　　　　　2　礼金　　　　　　　3　資金　　　　　　　4　費用

23 すべって転んで、頭を（　　　　）しまった。

  1　つよめて　　　　　2　たたんで　　　　　3　うって　　　　　　4　たたいて

24 人気歌手のコンサートのチケットは、あっという間に（　　　）。

1 売り切れた

2 売り出した

3 売り続けた

4 売り始めた

25 外から部屋が見えないように、窓の（　　　）を閉めた。

1 ハンガー　　　　2 カバー　　　　3 カーテン　　　　4 シャッター

問題4 ＿＿＿＿に意味が最も近いものを、1・2・3・4から一つえらびなさい。

26 もう遅いから、いいかげんなところで帰ろう。

1 便利な　　　　2 確実な　　　　3 意外な　　　　4 適当な

27 いちいち報告しなくてもいいですよ。

1 細かく　　　　2 一人一人　　　　3 毎日　　　　4 毎回

28 今日は入場がただになる。

1 可能　　　　2 半額　　　　3 無料　　　　4 割引

29 メールに写真を添付した。

1 残した　　　　2 送った　　　　3 出した　　　　4 つけた

30 今の状況は、かなりまずい。

1 おいしくない

2 よくない

3 親切ではない

4 意外ではない

79

問題5　つぎのことばの使い方として最もよいものを、1・2・3・4から一つえらびなさい。

31 リラックス

1　出かける前に、スマートフォンをリラックスした。

2　そんなリラックスしないで、早く来てください。

3　連休は、家で忙しくリラックスして過ごした。

4　発表会の前に、深呼吸をしてリラックスした。

32 ついに

1　あと一週間で締め切りだが、ついに何とかなるだろう。

2　来週でついに日本での留学生活が終わる。

3　あの人は、ついに何をしたいのか、よくわからない。

4　応援していたチームが、ついに一回戦で負けてしまった。

33 得る

1　将棋で中学生が大人に勝つということは、よく得ることだ。

2　静かな図書館でゆっくりと勉強を得て、よかった。

3　お店をいくつも開いて、会社はたくさんの利益を得た。

4　社会のために自分は何を得るか、考えてみた。

34 しるし

1　この指輪は二人の愛のしるしだ。

2　あのビジネスホテルは、緑色の外観がしるしだ。

3　わからない問題文のところにしるしを引いた。

4　インターネットのしるしを見て、このサイトを見つけた。

35 支度

1　休みの日に、自分で支度したレンタカーでドライブに出かける。

2　引っ越しするので、少しずつお金を支度している。

3　ご飯を食べたら、早く出かける支度をして。

4　重いので、落とさないように支度して持ち上げてください。

80

問題6　つぎの文の（　　）に入れるのに最もよいものを、1・2・3・4から一つえらびな
　　　　さい。

36　やっぱり（　　　　）のピザはおいしい。

　1　やきすぎ　　　　　　　　　　　　2　やいたとたん
　3　やきかけ　　　　　　　　　　　　4　やきたて

37　この地震（　　　　）津波の心配はありません。

　1　にする　　　　　2　にした　　　　3　による　　　　4　になる

38　肩から腰に（　　　　）、痛みを感じる。

　1　わたって　　　　2　かけて　　　　3　ともなって　　　4　おいて

39　明日地球がなくなる（　　　　）、今から何をする？

　1　となれば　　　　2　としたら　　　3　というまま　　　4　としても

40　わたしは田舎が大好きだが、（　　　　）今は都会に住んでいる。

　1　それでも　　　　2　それで　　　　3　それに　　　　4　それから

41　娘は子犬と（　　　　）に遊んでいた。

　1　楽しさ　　　　　2　楽しみ　　　　3　楽しげ　　　　4　楽しい

42　なぜ日本に来た（　　　　）、それは日本のアニメが好きだったからだ。

　1　か言わせたら　　　　　　　　　　2　からと言うと
　3　かと言えば　　　　　　　　　　　4　ことかと言えば

43　この古いマンションは、安全（　　　　）問題がある。

　1　中に　　　　　　2　もとに　　　　3　下の　　　　　4　上の

81

44 5億円の宝くじが当たる（　　　　）。

1　といいな

2　のだろう

3　わけにもいかない

4　かなとか

45 先生のメールアドレスを（　　　　）紙を、なくしてしまった。

1　メモしかけた

2　メモしておいた

3　メモしてしまった

4　メモしてみた

46 本日はゼリーが一つ 50 円です。（　　　　）お一人様一つまでです。

1　ただし　　　　2　つまり　　　　3　たとえば　　　　4　しかも

47 電話でタクシーを呼んだ（　　　　）、「今は、行ける車がない」と言われた。

1　かわりに　　　　2　ところ　　　　3　ならば　　　　4　ので

48 彼女はバレーボールの選手（　　　　）、あまり背が高くない。

1　というより　　　　2　といい　　　　3　とすると　　　　4　としては

問題7 つぎの文の ★ に入る最もよいものを、1・2・3・4から一つえらびなさい。

49 ボーナスは ＿＿＿ ＿＿＿ ★ ＿＿＿ よくなった。

 1 前の会社   2 今の会社   3 に比べ   4 のほうが

50 ただの ＿＿＿ ＿＿＿ ★ ＿＿＿ なのか、今警察が調べている。

 1 あるいは   2 事故   3 事件   4 なのか

51 上司は ＿＿＿ ＿＿＿ ★ ＿＿＿ もっと増やすべきだ。

 1 部下   2 時間を   3 会話の   4 との

52 人口が多い大都市 ＿＿＿ ＿＿＿ ★ ＿＿＿ 大変になっている。

 1 においては   2 ごみの増加   3 問題は   4 にかかわる

53 車を運転して来たのだから、＿＿＿ ＿＿＿ ★ ＿＿＿ いかない。

 1 飲んで   2 わけには   3 帰る   4 お酒を

問題8　つぎの文章を読んで、文章全体の内容を考えて、　54　から　58　の中に入る　最もよいものを、1・2・3・4から一つ選びなさい。

　　あらゆる動物の言葉が理解できた「ドリトル先生」(注1)や人間の言葉が話せた「長靴をはいた猫」(注2)など、多くのおとぎ話(注3)に、動物たちとの対話という人間の夢が託されて(注4)きた。ところがおとぎ話でも、夢でもなく、どうやら猫は、少なくとも一部の猫たちは実際に人間の言葉が理解できているのではないか。その疑問が最初に生じたのは、二〇年　54　前のこと。

　　「猫は虫が好かない(注5)けど、うち　55　はネズミをとるから、それだけは評価しているの」

　　と猫嫌いの母が客にもらした　56　二時間後、二階の書斎で机に向かっていた母が悲鳴(注6)をあげた。飼い猫が、その母の机の上にポーン(注7)とくわえてきたネズミを放り出したのである。いままでとったネズミを　57　のは、一階の台所と決まっていたし、その後もそうだった。わざわざ二階の母の机の上に持っていったのは、空前絶後(注8)のその時一回限り。あれは、偶然だったのだろうか。

　　疑問は、この頃確信(注9)に近づいてきた。（中略）

　　猫に関する感動的な実話を読むと、いずれも猫たちは、　58　ほど正確に人間の言うことを理解している。

（米原万里『ガセネッタ＆シモネッタ』文春文庫）

84

（注1）「ドリトル先生」：ヒュー・ロフティングによる物語の主人公
（注2）「長靴をはいた猫」：有名な童話
（注3）おとぎ話：子どもに聞かせるための物語
（注4）託す：人にたのむ
（注5）虫が好かない：好きではない
（注6）悲鳴：いたいときや、こわいときに出す大きな声
（注7）ポーン：軽く投げるようすを表す
（注8）空前絶後：今までも、そしてこれからもないような、とてもめずらしいこと
（注9）確信：絶対に間違いがないと信じる

54

1 こと　　　　　　2 もの　　　　　　3 ほど　　　　　　4 こそ

55

1 　の　　　　　　2 に　　　　　　　3 と　　　　　　　4 から

56

1 スッキリ　　　　2 キッカリ　　　　3 ドッキリ　　　　4 チャッカリ

57

1 見せにくる　　　2 見にくる　　　　3 見てくる　　　　4 見ながらくる

58

1 信じてみたい　　2 信じたくない　　3 信じてもいい　　4 信じられない

85

第9日

この寿司は、少し酢が　ききすぎた

問題1 _____のことばの読み方として最もよいものを、1・2・3・4から一つえらびなさい。

1 過去は変えられないが、未来は今から変えられる。

　　1　かきょ　　　　2　かこ　　　　　3　かこう　　　　4　かあこ

2 花の都と呼ばれる、フランスのパリに行きたい。

　　1　とし　　　　　2　し　　　　　　3　みやこ　　　　4　まち

3 今日は真夏日で早朝から暑い。

　　1　そうあさ　　　2　はやちょう　　3　はやあさ　　　4　そうちょう

4 ここは、くつの専門店だから、品物の数が多い。

　　1　しなもの　　　2　しなもつ　　　3　ひんぶつ　　　4　ひんもつ

5 犯人はガードマンを殺してにげた。

　　1　ためして　　　2　しるして　　　3　ころして　　　4　さつして

6 うまくできなかった原因は、あわてていたからだ。

　　1　げんいん　　　2　けんいん　　　3　げいいん　　　4　けいいん

7 「火のないところに煙は立たぬ」ということわざがある。

1　けむい　　　　　2　えん　　　　　　3　けむる　　　　　4　けむり

8 東南(とうなん)アジアのあまい果実を食べた。

1　くだもの　　　　2　くたもの　　　　3　かじつ　　　　　4　かみ

問題2　＿＿＿のことばを漢字で書くとき、最もよいものを、1・2・3・4から一つえらび
　　　なさい。

9 ラジオからしょうごのニュースが聞こえてきた。

1　正後　　　　　　2　正期　　　　　　3　正午　　　　　　4　正牛

10 友だちにアルバイトをしょうかいしてあげた。

1　招会　　　　　　2　紹介　　　　　　3　招介　　　　　　4　紹会

11 ボーナスの金額(きんがく)は会社のぎょうせきで決まる。

1　形績　　　　　　2　形積　　　　　　3　業績　　　　　　4　業積

12 あの会社は今、大きくせいちょうしている。

1　性長　　　　　　2　制長　　　　　　3　成長　　　　　　4　生長

13 副社長(ふくしゃちょう)は社長につぐ実力者だ。

1　次ぐ　　　　　　2　接ぐ　　　　　　3　告ぐ　　　　　　4　注ぐ

14 今日はこのホテルにとまる。

1　止まる　　　　　2　留まる　　　　　3　停まる　　　　　4　泊まる

87

問題3 （　　）に入れるのに最もよいものを、1・2・3・4から一つえらびなさい。

15 レポートは（　　　　）までに書こう。

1 日付　　　　　　2 しめきり　　　　3 計画　　　　4 目標

16 新しい学校やクラスには、もう（　　　　）か。

1 慣れました　　　2 流れました　　　3 なりました　　　4 なでました

17 山に行ったら、たくさん虫に（　　　）しまった。

1 さされて　　　　2 ふれられて　　　3 むかわれて　　　4 にくまれて

18 このハンバーグにソースを（　　　　）と、もっとおいしく食べられます。

1 つむ　　　　　　2 かける　　　　　3 はかる　　　　4 まく

19 お問い合わせは、お電話（　　　　）メールでお願いいたします。

1 または　　　　　2 そこで　　　　　3 そのうえ　　　　4 また

20 水の中では（　　　）ができない。

1 息　　　　　　　2 音　　　　　　　3 声　　　　　　4 汗

21 おばは、小学校で（　　　　）の先生として働いている。

1 授業　　　　　　2 給食　　　　　　3 体育　　　　4 自習

22 本を読んだら、その感想をノートに（　　　　）している。

1 記録　　　　　　2 記号　　　　　　3 記憶　　　　4 記名

23 クラスの中は（　　　　）、勉強に集中できなかった。

1 おさなくて　　　2 そうぞうしくて　　3 ほそながくて　　4 ついてなくて

24 おもしろいアニメを見て、（　　　　　）になった。

　1　スター　　　　　　2　プレッシャー　　　3　ラッキー　　　　　4　ハッピー

25 商品に（　　　　　）の点がございましたら、こちらまでご連絡ください。

　1　お願い　　　　　　2　ご注意　　　　　　3　ご確認　　　　　　4　お気づき

問題4　＿＿＿＿に意味が最も近いものを、1・2・3・4から一つえらびなさい。

26 大声を出して、のどがからからだ。

　1　かわいた　　　　　2　痛い　　　　　　　3　疲れた　　　　　　4　はれた

27 夏休みのキャンプは、けっこう楽しかった。

　1　たしかに　　　　　2　いつも　　　　　　3　やはり　　　　　　4　かなり

28 あの子はいつもはきはきしている。

　1　落ち着いて　　　　　　　　　　　2　元気よく話して
　3　頑張って　　　　　　　　　　　　4　笑って

29 父はあまりスタイルを気にしない。

　1　出身校　　　　　　2　かっこう　　　　　3　態度　　　　　　　4　生活習慣

30 平日のプールは思っていたよりすいていた。

　1　値段が安かった　　　　　　　　　2　人が少なかった
　3　きれいだった　　　　　　　　　　4　しずかだった

問題5　つぎのことばの使い方として最もよいものを、1・2・3・4から一つえらびなさい。

31 豊か

1　仕事をやめてから、時間が豊かになった。
2　あの子は想像力豊かだ。
3　これからお金を豊かにするため、活発に行動する。
4　仕事がうまくいってから、自信が豊かになった。

32 だらしない

1　ねこがベッドの上で、だらしなく横になっている。
2　作文を書くときは、一字でもだらしなく書いてはいけない。
3　学生に注意するとは、先生はだらしない。
4　いつまでもだらしない話をしていないで、早く来なさい。

33 ぎりぎり

1　試合前で緊張して、体がぎりぎりになった。
2　出発ぎりぎりまで待ったが、市村さんは来なかった。
3　前回の試験ではぎりぎり不合格になってしまった。
4　早く家に帰りたくてぎりぎりだった。

34 カロリー

1　妹はいつも食べた物のカロリーを気にしている。
2　太ってきたので、晩ごはんのカロリーをなくした。
3　この揚げ物は何カロリーぐらい出ますか。
4　お茶はカロリーが薄いので、体にいい。

35 かせぐ

1　そんなに時給をかせいで、いったいどこに行くの？
2　大学の学生課でいくつか就職先をかせいでもらった。
3　お父さんがいびきをかせいで、気持ちよさそうに寝ている。
4　たくさんお金をかせぐために、2つアルバイトをしている。

問題6 つぎの文の（　　）に入れるのに最もよいものを、1・2・3・4から一つえらびな
さい。

36 学校だけが勉強するところ（　　　　　）時代になってきた。

1　にほかならない　　　　　　　　　2　とはいかない

3　かもしれない　　　　　　　　　　4　とはかぎらない

37 日本は何でも物が高いと思っていたら、（　　　　　）。

1　そうらしくなかった　　　　　　　2　そうでもなかった

3　そうではあった　　　　　　　　　4　そのようでもあった

38 九州へ行くんですが、どこか（　　　　　）所はありませんか。

1　いそうな　　　　　2　いいそうな　　　　　3　よいそうな　　　　　4　よさそうな

39 先週行ったお店、何て名前（　　　　　）。

1　なんだって　　　　　　　　　　　2　なんでしたっけ

3　でしたっけ　　　　　　　　　　　4　だったって

40 毎日、仕事は忙しい。（　　　　　）、週末は必ず休む。

1　そこで　　　　　2　すると　　　　　3　けれども　　　　　4　そういえば

41 山登りは危険もあるが、（　　　　　）登る人が多いのは、山がすばらしいからだろう。

1　それでは　　　　　2　それなのに　　　　　3　それだから　　　　　4　それこそ

42 今度発表会をしますので、先生も（　　　　　）。

1　おいでください　　　　　　　　　2　お見えになってください

3　うかがってください　　　　　　　4　来させてください

91

43 佐藤さんが休学する（　　　　）、1年間韓国に留学するからです。

1　のに　　　　　　　　2　のが　　　　　　　3　ので　　　　　　　4　のは

44 このいすはとても小さく（　　　　）、腰が痛い。

1　座ってにくくて　　　　　　　　　　2　座りにくくして

3　座りにくくて　　　　　　　　　　4　座るのにして

45 長期予報（　　　　）、今年の梅雨は雨が少ないそうだ。

1　にしても　　　　　2　によれば　　　　3　にとると　　　　4　にすると

46 これからも日本人の若者の数は、（　　　　）だろう。

1　減ってくる　　　　　　　　　　　2　減っていく

3　減りはじめる　　　　　　　　　　4　減りだす

47 このマンガは、日本の歴史（　　　　）描かれたそうだ。

1　を通して　　　　　　　　　　　2　をもとにして

3　にくらべて　　　　　　　　　　4　によって

48 店長にしかられて泣くくらいなら、アルバイトに（　　　　）のに。

1　遅れて来たらよかった　　　　　　2　遅く来ればよかった

3　遅れて来なければよかった　　　　4　遅く来なくてもよかった

問題7　つぎの文の＿★＿に入る最もよいものを、1・2・3・4から一つえらびなさい。

49 エスカレーターは ＿＿＿ ＿＿＿ ＿★＿ ＿＿＿ 一回は点検している。

1　故障が
2　三か月に
3　にかかわりなく
4　あるかないか

50 最近 ＿＿＿ ＿＿＿ ＿★＿ ＿＿＿ テレビを見なくなった。

1　とても
2　見せられて
3　おもしろくない
4　番組を

51 この日本語センターでは、 ＿＿＿ ＿＿＿ ＿★＿ ＿＿＿ 特別科目の講座もある。

1　日本語クラス
2　数学や物理
3　はもちろん
4　といった

52 地下鉄の駅から ＿＿＿ ＿＿＿ ＿★＿ ＿＿＿ 急に知らない人に呼び止められた。

1　とした
2　地上へ
3　ところ
4　出よう

53 ほかの人に ＿＿＿ ＿＿＿ ＿★＿ ＿＿＿ でしょうか。

1　うれしくない
2　人など
3　認められて
4　いる

問題8　つぎの文章を読んで、文章全体の内容を考えて、　54　から　58　の中に入る最もよいものを、1・2・3・4から一つ選びなさい。

2020年東京パラリンピックの開幕まで、25日であと4年。都交通局は25日、都立の特別支援学校(注1)に通う生徒たちに地下鉄を利用　54　、改善(注2)点を見つける初めての取り組みを行った。通学で地下鉄などを利用している生徒からは、地下鉄車内の案内の使い勝手(注3)や駅構内のエレベーターの　55　など、改善を求める意見が出た。

20年大会に向けてバリアフリー(注4)を　56　と、同局が企画した。A校とB校に通う4人が、白杖(注5)を持ったり車いすに乗ったりして都営大江戸線で都庁前駅へ。職員と一緒にホームから改札口まで移動し、点字(注6)　57　トイレ内の案内掲示や券売機の使い方などを確認した。

その後、同局の担当者と生徒が意見交換。駅のエレベーターが狭く使いづらいことや、エレベーターの場所がわかりづらいことなど、改善を求める声が上がった。（中略）

参加した生徒は「不便が当たり前の生活だけど、わがままだと　58　と思って、意見を言うのが難しい。こういう機会はありがたいです」と話した。同局は指摘(注7)を参考に、改善策を検討するという。

（『朝日新聞』2016年8月26日付）

（注1）特別支援学校：特別な助けが必要な生徒たちが通っている学校
（注2）改善：今あるものをよくする
（注3）使い勝手：使いやすさ
（注4）バリアフリー：体が不自由な人などが、生活しやすいようにすること
（注5）白杖：目の不自由な人が、歩くときに使う白いつえ
（注6）点字：目の不自由な人が、触って読む、点でできた文字
（注7）指摘：大切なことや注意すべきことを、はっきりと言う

54

1　してあげ　　　　2　してさしあげ　　　3　してもらい　　　4　してやり

55

1　広さ　　　　　　2　広く　　　　　　　3　広いこと　　　　4　広い

56

1　進める　　　　　2　進めよう　　　　　3　進め　　　　　　4　進めて

57

1　に関する　　　　2　による　　　　　　3　についての　　　4　に違いない

58

1　思われるわけがない

2　思われるわけではない

3　思っていないんじゃないか

4　思われるんじゃないか

第10日

にわ　に　わ　にわとり
庭には二羽鶏がいました

問題1 ＿＿＿のことばの読み方として最もよいものを、1・2・3・4から一つえらびなさい。

1 いつか外国で絵画の勉強をしたい。

　　1　かいが　　　　　2　かいかく　　　　3　えかく　　　　4　えがく

2 理系の科目は、少し苦手だ。

　　1　くて　　　　　　2　にがて　　　　　3　にがしゅ　　　4　くしゅ

3 早く病気が治るように、休んでください。

　　1　おさめる　　　　2　ちする　　　　　3　じする　　　　4　なおる

4 少ない食材を工夫して、夕食を作った。

　　1　こうふ　　　　　2　くふ　　　　　　3　こうふう　　　4　くふう

5 このスマートフォンは本日発売です。

　　1　はっはい　　　　2　はつばい　　　　3　はっばい　　　4　はつはい

6 忙しくて、昼食をとる時間もなかった。

　　1　ちゅうしょく　　2　ちょうしょく　　3　ゆうしょく　　4　かんしょく

96

7 この<u>畑</u>では、トマトやきゅうりを作っている。

　　1　た　　　　　　　2　ばた　　　　　　3　はたけ　　　　　4　ばたけ

8 この海岸は<u>岩</u>だらけだ。

　　1　いし　　　　　　2　いわ　　　　　　3　すな　　　　　　4　ごみ

問題2　＿＿＿＿のことばを漢字で書くとき、最もよいものを、1・2・3・4から一つえらび
　　　　なさい。

9 書いた字を見ると、その人の<u>せいかく</u>がわかると言います。

　　1　性格　　　　　　2　正確　　　　　　3　正格　　　　　　4　性確

10 冬になり、<u>かげ</u>が短くなってきた。

　　1　葉　　　　　　　2　陽　　　　　　　3　影　　　　　　　4　穴

11 前より<u>せまい</u>部屋に引っ越した。

　　1　狭い　　　　　　2　細い　　　　　　3　短い　　　　　　4　暗い

12 家にどろぼうが入ったので、<u>けいさつ</u>を呼んだ。

　　1　敬撮　　　　　　2　敬察　　　　　　3　警撮　　　　　　4　警察

13 ここからは、長くて<u>ほそい</u>山道が続いている。

　　1　狭い　　　　　　2　暗い　　　　　　3　細い　　　　　　4　明い

14 本の<u>もくじ</u>を見て、内容を調べた。

　　1　目次　　　　　　2　日次　　　　　　3　目字　　　　　　4　日字

97

問題3 （ ）に入れるのに最もよいものを、1・2・3・4から一つえらびなさい。

15 大人なのに、一人で何も決められないとは（   ）ね。

1　ものすごい　　　2　ずうずうしい　　　3　きびしい　　　4　なさけない

16 彼女（   ）才能がある人は、そんなにはいないでしょう。

1　とか　　　　　　2　だけ　　　　　　　3　ほど　　　　　4　さえ

17 後輩との約束を（   ）忘れていた。

1　ゆっくり　　　　2　がっかり　　　　　3　すっかり　　　4　はっきり

18 今後のことはまだ決めていないので（   ）答えられなかった。

1　不安に　　　　　2　はっきりと　　　　3　平気に　　　　4　ていねいに

19 このエアコンは変な音がするので、（   ）してほしい。

1　変更　　　　　　2　調理　　　　　　　3　交代　　　　　4　修理

20 ラジオで新人の（   ）が天気予報を読んでいる。

1　アナウンサー　　2　ガイド　　　　　　3　サラリーマン　4　リポーター

21 冬休みは何もしないで、家で（   ）していた。

1　どきどき　　　　2　ぺらぺら　　　　　3　ごろごろ　　　4　うろうろ

22 授業中（   ）、先生にしかられた。

1　居眠りして　　　2　立ち止まって　　　3　落ち着いて　　4　疲れて

23 秘書は、社長の（   ）を管理している。

1　ベース　　　　　2　スケジュール　　　3　プレッシャー　4　ユーモア

24 コンビニの ATM でお金を（　　　　　）。

　　1　引き出した　　　　2　入れかえた　　　　3　ふり返った　　　　4　取りもどした

25 薬をぬったので、痛みが（　　　　　）きた。

　　1　落ちて　　　　　　2　取れて　　　　　　3　消して　　　　　　4　下がって

問題4　＿＿＿＿に意味が最も近いものを、1・2・3・4から一つえらびなさい。

26 今日は、足がくたびれてしまった。

　　1　はれて　　　　　　2　痛んで　　　　　　3　のびて　　　　　　4　疲れて

27 一度の失敗でそんなにがっかりするな。

　　1　心配する　　　　　2　怒る　　　　　　　3　元気をなくす　　　4　あわてる

28 この機械の仕組みは、まったくわからない。

　　1　少しも　　　　　　2　ほとんど　　　　　3　よく　　　　　　　4　いつも

29 今年の花火大会は中止になった。

　　1　遅れた　　　　　　　　　　　　　　　　2　途中で終わった
　　3　小さくなった　　　　　　　　　　　　　4　なくなった

30 時間がないので、ここの説明は省きます。

　　1　後でします　　　　2　やめます　　　　　3　短くします　　　　4　まとめます

99

問題5　つぎのことばの使い方として最もよいものを、1・2・3・4から一つえらびなさい。

31 びっしり

1　ダンスの練習をしていたら、汗をびっしりかいていた。

2　二人は、おたがいにびっしり腕を組んだ。

3　このズボンはウエストがびっしりで、苦しい。

4　今月は予定がびっしり入っていて休みがない。

32 なでる

1　かわいい犬の頭をなでた。

2　そこにあるボールを、こちらになでてください。

3　バスルームの鏡を何回もなでたら、きれいになった。

4　庭先をほうきでなでてきれいにした。

33 アドレス

1　自転車は1階のアドレスに止めてある。

2　初めて会った人と、メールのアドレスを交換した。

3　海外にいる友だちともっと気軽にアドレスをしたい。

4　わたしの新しいアドレスに、遊びに来てください。

34 現金

1　毎月趣味に使う現金は、3万円までと決めている。

2　銀行では米ドルを日本円に、現金にすることができる。

3　このデパートは、現金でもカードでも支払いができる。

4　おじは現金の人で、車を何台も持っているそうだ。

35 しつこい

1　彼はしつこいから、すぐにはあきらめないだろう。

2　数学のしつこい問題に、時間がかかってしまった。

3　朝は電車が3分でしつこくやって来る。

4　どんなにしつこくても、いらないものはいらない。

問題6 つぎの文の（　　）に入れるのに最もよいものを、1・2・3・4から一つえらびなさい。

36 あっ、窓が開いている。どうりで寒い（　　　　）。

1　わけだ　　　　　2　ようだ　　　　　3　までだ　　　　　4　ことだ

37 この子は何でも口に（　　　　）から、目をはなさないようにしてください。

1　入れたそうだ　　　　　　　　　2　入れている
3　入れたがる　　　　　　　　　　4　入れてほしい

38 これは簡単な問題だった。（　　　　）間違えた人もたくさんいた。

1　さて　　　　　　2　ところで　　　　　3　それで　　　　　4　ところが

39 電話の相手がメモを（　　　　）ように、ゆっくりと話した。

1　とれる　　　　　2　とっている　　　　3　とれた　　　　　4　とる

40 あなたは自分（　　　　）、それでいいのですか。

1　だけよくても　　　　　　　　　2　さえよければ
3　だけよいと　　　　　　　　　　4　さえよくて

41 育児をして（　　　　）、親の大変さがよくわかった。

1　みてはじめて　　2　みても　　　　　3　みたとして　　　　4　みれば

42 ぜひ一度、天野様に（　　　　）のですが、ご予定はいかがでしょうか。

1　お目にかけたい　　　　　　　　2　お目にかかりたい
3　ご覧になりたい　　　　　　　　4　ご覧にかけたい

101

43 このアルバイトの時給は、平均（　　　　　）、それほど安くはない。

　　1　からすると　　　　　2　からいくと　　　　　3　からなると　　　　　4　からきくと

44 ゆうべは女性だけで楽しく（　　　　　）という会があった。

　　1　飲ませたり食べさせたりする　　　　　　2　飲んでも食べてもする
　　3　飲んだり食べたりする　　　　　　　　　4　飲んででも食べる

45 バス停に着いた（　　　　　）、ちょうどバスがやってきた。

　　1　ところは　　　　　2　ところが　　　　　3　ところを　　　　　4　ところへ

46 よく（　　　　　）クラブ活動をやめてしまい、今はとても残念に思っている。

　　1　考えながら　　　　　　　　　　　　　　2　考えないと
　　3　考えなくても　　　　　　　　　　　　　4　考えずに

47 あしたは祖父の命日、（　　　　　）なくなった日です。

　　1　そして　　　　　2　だから　　　　　3　つまり　　　　　4　たとえば

48 もし自分が聞く立場なら、どのように説明（　　　　　）とよくわかるかを考えて話す。

　　1　される　　　　　2　させる　　　　　3　する　　　　　4　させられる

問題7 つぎの文の ___★___ に入る最もよいものを、1・2・3・4から一つえらびなさい。

49 お客様、コーヒーは ＿＿＿ ＿＿＿ ＿★＿ ＿＿＿ なさいますか。

　1　アイスか　　　　2　ホットの　　　　3　どちらに　　　　4　それとも

50 親友の ＿＿＿ ＿＿＿ ＿★＿ ＿＿＿ とは違う。

　1　考え方は　　　　2　仕事　　　　　　3　わたし　　　　　4　に対する

51 今日中にレポートを30枚も ＿＿＿ ＿＿＿ ＿★＿ ＿＿＿ 決まっている。

　1　無理に　　　　　2　なんて　　　　　3　書く　　　　　　4　絶対に

52 アルバイトが ＿＿＿ ＿＿＿ ＿★＿ ＿＿＿ 管理が大変になってきた。

　1　なった　　　　　2　反面　　　　　　3　増えて　　　　　4　にぎやかに

53 ネット詐欺が ＿＿＿ ＿＿＿ ＿★＿ ＿＿＿ 注意が必要だ。

　1　送金でも　　　　2　ことから　　　　3　ATM での　　　　4　多い

問題8　つぎの文章を読んで、文章全体の内容を考えて、　54　から　58　の中に入る
　　　　最もよいものを、1・2・3・4から一つ選びなさい。

こんな言葉でほめられたい

　　1位　頭がいい　　　2位　思いやりがある　　　3位　笑顔がいい（以下略）

　最後にほめられたのはいつだったかしらん？　というか人生で何回ほめられた？　深
く考えると落ち込みそうなテーマですが、みなさんからは、ふとした(注1)ほめ言葉が心
にしみた(注2)、支えになったというコメントを多数　54　。子どもに対して「ほめて
伸ばす」はすでに常識ですが、大人だって伸びたいですよね。

　「回答者の知的レベルの高さがうかがえます(注3)ねえ」。「頭がいい」が1位だったラ
ンキング結果に対する京都造形芸術大教授の本間正人さんの感想だ。（中略）

　　55　「頭がいい」は注意が必要なほめ言葉だという。「誰に言われてもうれしい、
という人は少ない。あんたに　56　と反感を呼ぶ恐れもある」。5位の「センスがいい」
も同様だ。無難(注4)そうな10位「若く見える」でも「バカにされているようで嫌い」
（千葉、77歳女性）な人もいて、ほめ言葉は一筋縄ではいかない(注5)。

　　57　、考えすぎてしまう人も多いようだ。「言葉を選んでいる間に機を逸して(注6)
しまう」（千葉、76歳女性）、「口に出すとなぜかお世辞(注7)っぽくなる。ほめ言葉とお
世辞、どこが違うの？」（千葉、69歳女性）

　これに対し、本間さんは「失敗を恐れず口に出しましょう」と説く。「ほめたりほめ
られたりすれば家族や友人どうし人間関係はよくなるし、職場では仕事の質も上がりま
す」。誰かにほめられれば、ほめる余裕が生まれる。とかく「ほめ不足」の日本社会に
好循環(注8)が生まれる　58　。（後略）

（『朝日新聞』〈beランキング〉2015年9月12日付）

104

（注1）ふとした：ちょっとした

（注2）心にしみる：心の中にまで感じる

（注3）うかがう：ようすなどがわかる

（注4）無難：特に問題がない

（注5）一筋縄ではいかない：簡単にはできない

（注6）機を逸する：ちょうどいいチャンス・機会を逃がす

（注7）お世辞：口先だけのほめことば

（注8）好循環：物事がうまく続いていく

54

1　くださいました　　　　　　　　2　やりました

3　さしあげました　　　　　　　　4　いただきました

55

1　それに　　　　　　2　つまり　　　　　　3　おかげで　　　　　　4　ただし

56

1　言われたい　　　　　　　　　　2　言われたくない

3　言わせたい　　　　　　　　　　4　言わせたくない

57

1　そのせいか　　　　　　　　　　2　そのとおりで

3　どんなつもりで　　　　　　　　4　どんなわけで

58

1　といわれている　　　　　　　　2　というのか

3　というのだ　　　　　　　　　　4　というべきだ

105

第11日

桜咲く　桜の山の桜花　咲く桜あり　散る桜あり

問題1　＿＿＿のことばの読み方として最もよいものを、1・2・3・4から一つえらびなさい。

1 日本には四季の美しさがある。

1　しい　　　　2　しき　　　　3　よんき　　　　4　よんい

2 これは幸運を呼ぶお守りです。

1　こううん　　2　さちふく　　3　こうふく　　4　さちうん

3 友だちを空港へ迎えに行った。

1　ささえ　　　2　おさえ　　　3　むかえ　　　4　こらえ

4 USBメモリには大切なデータが保存されている。

1　ほそん　　　2　ほぞん　　　3　ほうぞん　　4　ほうそん

5 この仕事は経験の有無は関係ない。

1　うむ　　　　2　ゆむ　　　　3　ありなし　　4　うなし

6 この会社は、土曜日は半日だけ働く。

1　ばんじつ　　2　なかにち　　3　はんにち　　4　なかび

106

7 日本人は<u>主</u>にお米をよく食べる。

1 しゅに   2 ぬしに   3 おもに   4 たまに

8 いつでも親は子どもに<u>愛情</u>を注^{そそ}ぐ。

1 あいせい   2 あいぜい   3 あいじゅう   4 あいじょう

問題2 ＿＿＿＿のことばを漢字で書くとき、最もよいものを、1・2・3・4から一つえらび
なさい。

9 メンバーが一人<u>かけても</u>、この計画はうまくいかない。

1 欠けても   2 重けても   3 連けても   4 結けても

10 <u>こわい</u>話を聞いて、夜に寝られなくなった。

1 痛い   2 偉い   3 怖い   4 悪い

11 <u>ちかぢか</u>、学校で実力テストが行われる。

1 直近   2 近々   3 直々   4 近直

12 仕事ではいつもみんなに<u>たすけて</u>もらっている。

1 反けて   2 正けて   3 伝けて   4 助けて

13 大木^{おおき}さんは<u>わかい</u>のに、自分で会社を作った。

1 苦い   2 若い   3 占い   4 古い

14 船は<u>じゅんちょう</u>に進んでいる。

1 順兆   2 順張   3 順調   4 順長

問題3 （　　　）に入れるのに最もよいものを、1・2・3・4から一つえらびなさい。

15 A 「（　　　　）。こちらは近藤様のお宅でしょうか。」
B 「はい、そうです。」

1　お帰りなさい　　2　失礼します　　3　ただいま　　4　ご苦労さま

16 （　　　　）がよくなれば、給料も上がると考える人は多い。

1　生産　　　　2　価格　　　　3　人気　　　　4　景気

17 何度かメールを送ったのに、なぜか（　　　　）がない。

1　返書　　　　2　返信　　　　3　返済　　　　4　返送

18 さっき聞いたテーマ曲の（　　　　）が思い出せない。

1　タイトル　　2　シリーズ　　3　ステップ　　4　メモリー

19 日本で働くことを（　　　　）、国に帰った。

1　用意して　　2　わすれて　　3　考えて　　4　あきらめて

20 チャンピオンが負けるという、（　　　　）ことが起こった。

1　うたがえない　　　　　　　　2　おどろかない
3　信じられない　　　　　　　　4　見られない

21 あした乗る飛行機の（　　　　）を確かめた。

1　件名　　　　2　氏名　　　　3　便名　　　　4　あて名

22 この写真はとても（　　　　）、何回も見てしまう。

1　はずかしくて　　　　　　　　2　なつかしくて
3　おそろしくて　　　　　　　　4　さびしくて

23 ほこりが多いので（　　　　）をしましょう。

1　マスク　　　　　　2　ベルト　　　　　　3　ティッシュ　　　　4　ハンカチ

24 日本の企業が東南アジアに（　　　　）している。

1　移住　　　　　　　2　移動　　　　　　　3　進行　　　　　　　4　進出

25 地震で家具が（　　　　）ゆれた。

1　ぐらぐら　　　　　2　はらはら　　　　　3　くよくよ　　　　　4　くるくる

問題4　＿＿＿＿に意味が最も近いものを、1・2・3・4から一つえらびなさい。

26 文章にいくつかあやまりが見つかった。

1　問題　　　　　　　2　間違い　　　　　　3　変更　　　　　　　4　関心

27 料理を作るのがうまくなった。

1　上手に　　　　　　2　好きに　　　　　　3　楽に　　　　　　　4　おいしく

28 読書の会に入って、活動している。

1　クラブ　　　　　　2　ゼミナール　　　　3　チーム　　　　　　4　スクール

29 きのうの夜たまたまスーパーで彼に会った。

1　急いで　　　　　　2　久しぶりに　　　　3　偶然　　　　　　　4　間違って

30 この本屋には、夏目漱石の全集がそろっている。

1　整理されている　　　　　　　　　　2　読まれている
3　売れている　　　　　　　　　　　　4　全部ある

109

問題5　つぎのことばの使い方として最もよいものを、1・2・3・4から一つえらびなさい。

31 かゆい

1　その子はかゆいと言って、顔をかくしてしまった。
2　どんなにかゆくても、あきらめないで最後まで頑張れ。
3　虫にかまれたところが、とてもかゆい。
4　ごはんをたくさん食べたので、午後はとてもかゆくなった。

32 支給

1　薬局で薬を支給してもらった。
2　アルバイト店員には、制服が支給される。
3　わたしの家庭の支給の 20 パーセントが、教育費である。
4　毎月両親は、妹に生活費を支給している。

33 確か

1　お釣りが正しいかどうか、確かにしてみよう。
2　中山さんが参加するかどうかは、まだ確かだ。
3　夏が近づいているので、気温の上昇が確かになった。
4　クラスメートの話だと、確か来週は実力テストがあったはずだ。

34 新鮮

1　髪の毛を切ったら、新鮮な顔になった。
2　仕事場が変わり、また新鮮な気持ちで働いている。
3　この体育館は 2 年前にできたばかりで、まだ新鮮な建物だ。
4　まだだれも考えていない、新鮮な意見を出した。

35 飼う

1　このマンションでは、犬やねこの動物は飼えない。
2　娘が先週からインフルエンザを飼っている。
3　うちの子は、夏休みに朝顔の花を飼っていた。
4　今は結果が出なくても、いつかは飼う。

問題6　つぎの文の（　　）に入れるのに最もよいものを、1・2・3・4から一つえらびなさい。

36 テーブルの上には、（　　　　）かけの今日の新聞が置いてあった。

　1　読み　　　　　2　読む　　　　　3　読んだ　　　　4　読め

37 家族が増えた（　　　　　）、彼女は毎日とても幸福だそうだ。

　1　ばかりに　　　2　せいで　　　　3　上に　　　　　4　おかげで

38 受験勉強のために、復習（　　　　　）予習もしてください。

　1　といっしょに　2　にくらべて　　3　というより　　4　のかわりに

39 日本に来たのは三年前で、（　　　　　）一度も国には帰っていない。

　1　それから　　　2　どこから　　　3　これから　　　4　そこから

40 たとえどんなに（　　　　　）、薬は飲まないと。

　1　苦いのなら　　2　苦ければ　　　3　苦くたって　　4　苦いのに

41 近くに大きなスーパーができてから、当店はお客が（　　　　）ばかりだ。

　1　減らす　　　　2　減らした　　　3　減る　　　　　4　減った

42 あるタレントの引退を、ファンはとても（　　　　）。

　1　残念だ　　　　2　残念がった　　3　残念だった　　4　残念がられた

43 移民の問題（　　　　）は、いろいろな意見がある。

　1　にこたえて　　2　にとって　　　3　にしたがって　4　において

44 A 「バドミントンの高木選手って、知ってる？」

　　B 「いいえ、（　　　　　）って、だれなの？」

　　1　この人　　　　　　2　どの人　　　　　　3　その人　　　　　　4　あの人

45 山下さんは、よく弟さんの世話をしていて、（　　　　　）お母さんみたいだね。

　　1　まるで　　　　　　2　ちょうど　　　　　　3　おそらく　　　　　　4　いちおう

46 先生、さきほど話された経済のお話、もう一度（　　　　　）ませんか。

　　1　聞いてもらえ　　　　　　　　　2　聞かれてください

　　3　聞いてください　　　　　　　　4　聞かせてください

47 何回注意されても、学生は悪いことばを（　　　　　）。

　　1　直そうとした　　　　　　　　　2　直そうとはしなかった

　　3　直してもよかった　　　　　　　4　直せるほどではなかった

48 A 「この和菓子、一口（　　　　　）食べてもいいよ。」

　　B 「ありがとう。」

　　1　ぐらいしか　　　　　2　からなら　　　　　3　だけなら　　　　　4　だけしか

問題7　つぎの文の＿＿★＿＿に入る最もよいものを、1・2・3・4から一つえらびなさい。

49 A 「たいへんお待たせしました」。

B 「いえいえ。わたしも ＿＿＿＿ ＿＿＿＿ ＿＿★＿＿ ＿＿＿＿ ですよ。」

1　いま来た　　　　　2　大丈夫　　　　　3　ですから　　　　　4　ところ

50 妹はぜんぜん ＿＿＿＿ ＿＿＿＿ ＿＿★＿＿ ＿＿＿＿ のような話し方をする。

1　に対して　　　　　2　友だち　　　　　3　知らない人　　　　4　まで

51 チャンスだから、すぐに ＿＿＿＿ ＿＿＿＿ ＿＿★＿＿ ＿＿＿＿ と思う。

1　ほうがいい　　　　　　　　　　2　いかなくても

3　うまく　　　　　　　　　　　　4　あきらめない

52 そろそろ ＿＿＿＿ ＿＿＿＿ ＿＿★＿＿ ＿＿＿＿ 気がついた。

1　ときに　　　　　2　出かけよう　　　　3　忘れ物に　　　　4　とした

53 妻が ＿＿＿＿ ＿＿＿＿ ＿＿★＿＿ ＿＿＿＿ 見える。

1　介護士の仕事は　　　　　　　　2　先週から

3　大変そうに　　　　　　　　　　4　始めた

113

問題8　つぎの文章を読んで、文章全体の内容を考えて、　54　から　58　の中に入る
　　　　最もよいものを、1・2・3・4から一つ選びなさい。

　　学校での勉強がムダだったと言う人は、学ぶ楽しさを　54　勉強を終えてしまった
のだと思います。反対に、どの勉強もムダだなんてことはなく、今も役に立っていると
言う人もいます。その違いはなぜ起きるのか。

　　その大きな理由のひとつは、そこに知的好奇心(注1)があるかどうか、その差だと思い
ます。試験に受かりたいというモチベーション(注2)だけなら、知的好奇心がなくても勉
強はできます。目標のために砂を嚙むような(注3)努力をして、どんなに退屈でも嫌でも
やり通し、晴れて(注4)合格の日を迎えたとします。しかし、その後で、頑張って使った
テキスト類を未練(注5)もなく　55　、勉強が徒労(注6)でしかなかったことになります。
私にはそんなもったいないことはできません。私は、今でも、教科によっては十八歳の
時に　56　本を持ち歩きます。心血を注いだ(注7)大切なものであり、生涯(注8)役立て
ていくつもりです。（中略）

　　知的好奇心を持って勉強していれば、それが受験勉強だろうが何だろうが、本当は楽
しいものです。受験に直接関係なくても、興味を持ったことをどんどん勉強してしまう
ような人　57　、将来、ものになっていく(注9)のです。点数に関係のない勉強がムダ
だなどということは、　58　。（後略）

（齋藤孝『地アタマを鍛える知的勉強法』講談社現代新書）

（注1）知的好奇心：いろいろなことを知りたい、研究したいという気持ち
（注2）モチベーション：行動をする理由、動機
（注3）砂を嚙むよう：何の味も、楽しさもないようす
（注4）晴れて：だれにも気をつかうこともなく
（注5）未練：あきらめられない気持ち
（注6）徒労：無駄
（注7）心血を注ぐ：自分の持っているすべての力を使う
（注8）生涯：一生
（注9）ものになる：ここではほかの人たちに認められるような人になること

[54]
1 知って　　　2 知りたくて　　3 知らずに　　4 知りそうで

[55]
1 捨ててしまったとしたら　　2 捨てたとして
3 捨てたとしても　　　　　　4 捨てるとしても

[56]
1 使うつもりだった　　2 使っていた
3 使わなかった　　　　4 使うべきだった

[57]
1 しか　　　2 こそ　　　3 すら　　　4 さえ

[58]
1 よく考えています　　2 ほとんど間違いありません
3 あまり言えません　　4 決してありません

第12日

赤パジャマ　黄パジャマ　茶パジャマ

問題1 　　　のことばの読み方として最もよいものを、1・2・3・4から一つえらびなさい。

1 来月から公共料金が上がる。

　　1　こうきょ　　　2　こうきょう　　　3　こうとも　　　4　こうきゅう

2 今日は一月一日の元日、また新たな一年が始まる。

　　1　あらたな　　　2　にいたな　　　3　あたらたな　　　4　しんたな

3 髪の毛を明るい色に染めた。

　　1　しめた　　　2　さめた　　　3　せめた　　　4　そめた

4 今年は水不足で、農産物の出来がよくない。

　　1　のうさくぶつ　　2　のうさくもつ　　3　のうさんぶつ　　4　のうさんもつ

5 このテーブルは部屋の中央に置きましょう。

　　1　ちゅうおう　　　2　ちゅうえい　　　3　ちゅお　　　4　ちゅえい

6 自分の考えを簡単に曲げることはできない。

　　1　さげる　　　2　まげる　　　3　とげる　　　4　あげる

116

7 週末は、にわか雨が降るでしょう。

　　1　しゅうまっ　　　2　しゅうまつ　　　3　しゅまつ　　　4　しゅっまつ

8 どこかでだれかの電話が鳴っている。

　　1　とって　　　　2　はいって　　　　3　そって　　　　4　なって

問題2　＿＿＿＿のことばを漢字で書くとき、最もよいものを、1・2・3・4から一つえらび
　　　　なさい。

9 ねっとうには気をつけてください。

　　1　熱易　　　　　2　熱等　　　　　3　熱湯　　　　　4　熱灯

10 土地のめんせきを調べてみた。

　　1　面債　　　　　2　面績　　　　　3　面責　　　　　4　面積

11 彼の病気はかいふくしたようだ。

　　1　回服　　　　　2　快福　　　　　3　快複　　　　　4　回復

13 プールのそこに何か落ちている。

　　1　下　　　　　　2　底　　　　　　3　面　　　　　　4　裏

13 このほうほうだと、早く日本語がマスターできる。

　　1　法防　　　　　2　防法　　　　　3　方法　　　　　4　法方

14 わたしはふつう毎朝7時に起きる。

　　1　普通　　　　　2　付通　　　　　3　普進　　　　　4　付進

117

問題3 （　　）に入れるのに最もよいものを、1・2・3・4から一つえらびなさい。

15 赤ちゃんが（　　　　）眠っている。

　　1　ぐっすり　　　　2　はっきり　　　　3　ゆっくり　　　　4　そっくり

16 人気アイドルは、自分のブログで結婚を（　　　　）。

　　1　発売した　　　　2　発見した　　　　3　発展した　　　　4　発表した

17 試合が終わって、相手チームの選手たちと（　　　　）した。

　　1　拍手　　　　　　2　握手　　　　　　3　着手　　　　　　4　入手

18 この学校の卒業生は（　　　　）分野で仕事をしている。

　　1　あきらかな　　　2　かんぜんな　　　3　さかんな　　　　4　さまざまな

19 近くにコンビニができたので、帰りにちょっと（　　　　）みよう。

　　1　きて　　　　　　2　ふんで　　　　　3　よって　　　　　4　たちあがって

20 何も言わないで人の家の冷蔵庫を開けて、ジュースを飲むなんて（　　　　）人だ。

　　1　こまかい　　　　2　かっこいい　　　3　ずうずうしい　　4　そうぞうしい

21 駅のホームで電車が遅れるという（　　　　）が流れている。

　　1　ミュージック　　2　スピーチ　　　　3　メッセージ　　　4　アナウンス

22 相手の目を見て話せないのは、（　　　　）と思うからだろうか。

　　1　はずかしい　　　2　たのもしい　　　3　おとなしい　　　4　ずるい

23 （　　　　）少しだけアルバイトの時給が上がった。

　　1　たった　　　　　2　できれば　　　　3　ほんの　　　　　4　およそ

118

24 今まで育ててくれた両親に、とても（　　　）している。

　　1　尊敬　　　　　　2　評価　　　　　　3　想像　　　　　　4　感謝

25 道を歩いていたら、いい考えを（　　　）。

　　1　思い出した　　　2　思いついた　　　3　思い切った　　　4　思いかけた

問題4 ＿＿＿＿に意味が最も近いものを、1・2・3・4から一つえらびなさい。

26 夜空には、星がかがやいていた。

　　1　くるくる回って　　　　　　　　　2　きらきら光って
　　3　そろそろ動いて　　　　　　　　　4　ふらふら揺れて

27 古い新聞をひもでしばった。

　　1　まとめた　　　　2　かためた　　　　3　まるめた　　　　4　ひっぱった

28 人気のコンサートなので、できるだけ早くチケットを買おう。

　　1　とにかく　　　　2　一分でも　　　　3　必ず　　　　　　4　なるべく

29 彼は、日本の経済にくわしい。

　　1　よく聞いている　　　　　　　　　2　よく考えている
　　3　よく知っている　　　　　　　　　4　よく話している

30 野村さんはとても正直だ。

　　1　うそをつかない　　　　　　　　　2　頭がいい
　　3　よく働く　　　　　　　　　　　　4　時間を大切にする

問題5　つぎのことばの使い方として最もよいものを、1・2・3・4から一つえらびなさい。

31 すっぱい

1　クッキーを焼くとき、さとうをたくさん使ったらすっぱくなった。

2　彼は仕事の決定がすっぱくて、いつも困っている。

3　すっぱくてもいいから、息子には元気に育ってほしい。

4　このりんごは、まだすっぱいかもしれないが、十分食べられる。

32 模様

1　今の模様では、これから先が心配だ。

2　彼女にこの仕事ができるか、しばらく模様をみてみよう。

3　父の日のプレゼントで、水玉模様のネクタイをもらった。

4　病人は寝たきりの模様が続いている。

33 アクセス

1　アクセスに注意して、もう一回本文を読んでください。

2　ビジネスでアクセスするため、熱心に働いている。

3　大きなデパートにアクセスしたが、特に何も買わなかった。

4　興味のある会社のホームページにアクセスした。

34 たった

1　エミリさんなら、たった5分前に帰りました。

2　このビーチサンダル、たった100円ですよ。安いですよ。

3　このゲームは、大人たちにはたった難しい。

4　あの選手はたった大学生でプロチームに入った。

35 かれる

1　かれた木にもう一度花を咲かせてみたい。

2　試合に負けて、気持ちがかれてしまった。

3　体がかれないように、毎日ウォーキングをしている。

4　今日はいい天気で、洗濯物がよくかれる。

120

問題6　つぎの文の（　　）に入れるのに最もよいものを、1・2・3・4から一つえらびなさい。

36　たとえその仕事が（　　　　）、必要であればやるしかない。

1　苦手だったら　　2　苦手だと　　　　3　苦手でも　　　　4　苦手なら

37　子どものときは、よく学校のグラウンドでバレーボールをした（　　　　）だ。

1　もの　　　　　　2　こと　　　　　　3　はず　　　　　　4　わけ

38　A「あなたは、計画に反対なんですね。」
　　B「いいえ、わたしが言いたいことは、（　　　　）ことではありません。」

1　こういう　　　　2　どういう　　　　3　そういう　　　　4　ああいう

39　地球の未来は、これからどうなるの（　　　　）。

1　だったか　　　　2　であろうか　　　3　であるか　　　　4　だったのか

40　君たち、あの月を見上げて（　　　　）。

1　みれば　　　　　2　みる　　　　　　3　みられる　　　　4　ごらん

41　この本は、小学生（　　　　）書かれている。

1　向けに　　　　　2　向きに　　　　　3　にして　　　　　4　にとって

42　日本に来ても上手に日本語が話せず、その（　　　　）苦労した。

1　ばあいに　　　　2　ために　　　　　3　とおりに　　　　4　かわりに

43　歯をみがく（　　　　）、口の中がすっきりする。

1　ことから　　　　2　くせして　　　　3　いっぽうで　　　4　たび

121

44 宿題を（　　　　　　）、つい途中でスマホを見てしまった。

1　やりきって　　　　　　　　　　2　やりおえて

3　やりすぎて　　　　　　　　　　4　やりかけて

45 免許を（　　　　　　）、オートバイには乗れません。

1　取るくらいなら　　　　　　　　2　取ってしまったら

3　取ってからでないと　　　　　　4　取ってからでは

46 試験が早く終わった学生は、もう（　　　　　　）。

1　帰ってほしくない　　　　　　　2　帰ってもかまわない

3　帰ってはいけない　　　　　　　4　帰ってもらえない

47 すみません、このペンを（　　　　　　）よろしいでしょうか。

1　お借りしても　　　　　　　　　2　お借りになっても

3　借りさせても　　　　　　　　　4　借りられても

48 いろいろと（　　　　　　）、今の仕事をやめないことにした。

1　考えたうえなら　　　　　　　　2　考えたうえで

3　考えるうえには　　　　　　　　4　考えるうえでは

問題7 つぎの文の ___★___ に入る最もよいものを、1・2・3・4から一つえらびなさい。

49 この事件 ＿＿＿＿ ＿＿＿＿ ＿★＿ ＿＿＿＿ 確かめられている。

　　1　現在警察によって　　　　　　　2　集められた

　　3　たくさんの情報は　　　　　　　4　に関して

50 このアルバイトで ＿＿＿＿ ＿＿＿＿ ＿★＿ ＿＿＿＿ 集まりません。

　　1　時給が　　　　　2　人は　　　　　3　1100円　　　　　4　では

51 今度先生に ＿＿＿＿ ＿＿＿＿ ＿★＿ ＿＿＿＿ しています。

　　1　お目にかかる　　　　　　　　　2　楽しみに

　　3　ひさしぶりに　　　　　　　　　4　のを

52 テストが近いから、 ＿＿＿＿ ＿＿＿＿ ＿★＿ ＿＿＿＿ んですよ。

　　1　行ける　　　　　2　遊びに　　　　　3　遠くに　　　　　4　わけがない

53 いつも ＿＿＿＿ ＿＿＿＿ ＿★＿ ＿＿＿＿ ぜんぜん気にしていないようだ。

　　1　母親に　　　　　　　　　　　　2　っぱなしの

　　3　注意され　　　　　　　　　　　4　妹だが

123

問題8 つぎの文章を読んで、文章全体の内容を考えて、 54 から 58 の中に入る最もよいものを、1・2・3・4から一つ選びなさい。

「ヤーレン、ソーラン、ソーラン」。南アフリカの最大都市ヨハネスブルクの日本人学校で5月、運動会が開かれた。同校に通う小中学生約40人が徒競走(注1)や綱引き(注2)などで勝敗を競った。

最後は恒例(注3)のソーラン節(注4)だ。子どもたちの輪に保護者や地域住民も加わり、みんなで踊る。(中略)

ヨハネスブルクは治安が悪く、「世界最悪の犯罪都市」と 54 。同校の教職員は細心(注5)の注意を払って、子どもたちを動物園 55 遠足に連れ出す。地元の孤児院(注6)などとの国際交流も続けているが、最後に登場するのが、 56 ソーラン節。現地の子も一緒になって歌い、踊るのだという。

音楽やダンスは、文化や風習の壁を軽々と越える。人種や国籍は関係ない。それを身をもって学んだ 57 、子どもたちには大きな財産となるに違いない。

同校は今年、設立50周年を迎える。出身者には国際社会で活躍している人も多い。アフリカの大地で 58 ことを忘れずに、次の50年も、世界に大きく羽ばたいて(注7)いって欲しい。

(『朝日新聞』2016年6月15日付)

（注1）徒競走：走る速さの競争
（注2）綱引き：2つのチームが綱を引き合い、どちらが勝ちか決めるスポーツ
（注3）恒例：いつも同じように行われる
（注4）ソーラン節：日本の北海道の歌・踊りの一つ
（注5）細心：とてもていねいに気をつかう
（注6）孤児院：親がいない子どもたちを育てているところ
（注7）羽ばたく：ここでは人が成長しいい結果を出すこと

54

1 呼ばれる　　　　2 呼ばせる　　　　3 呼ぶ　　　　4 呼んでいる

55

1 からで　　　　2 までに　　　　3 とかと　　　　4 などへ

56

1 つぎつぎ　　　　2 うっかり　　　　3 まだまだ　　　　4 　やっぱり

57

1 だけしか　　　　2 だけなら　　　　3 だけでも　　　　4 だけだと

58

1 みんなの考えた　　　　　　　　2 みんなで踊った
3 みんなが注意を払った　　　　　4 みんなが迎えた

125

第13日

引きにくい釘　抜きにくい釘　引き抜きにくい釘

問題1　_____のことばの読み方として最もよいものを、1・2・3・4から一つえらびなさい。

1 メールの文は、改行すると読みやすい。

1　かいこう　　　　2　かいぎょう　　　　3　がいぎょう　　　　4　がいこう

2 小さいときから、プロ野球の選手になりたかった。

1　のきゅう　　　　2　のきゅ　　　　3　やぎゅ　　　　4　やきゅう

3 何にでも勇気をもって、行動しよう。

1　ゆき　　　　2　ゆぎ　　　　3　ゆうき　　　　4　ゆうけ

4 娘は早く一人で生活したいと希望している。

1　きぼ　　　　2　きぼう　　　　3　がんぼ　　　　4　がんぼう

5 この町は、中心に広場がある。

1　ひろば　　　　2　こうじょう　　　　3　こうば　　　　4　ひろじょう

6 インスタント食品は、手間をかけないですぐに食べられる。

1　てあいだ　　　　2　しゅかん　　　　3　てま　　　　4　しゅあいだ

126

7 ナイフで親指を切ってしまった。

1　しんし　　　　　2　しんゆび　　　　3　おやし　　　　4　おやゆび

8 電子レンジで、肉を蒸した料理を作る。

1　ほした　　　　　2　ひたした　　　　3　むした　　　　4　もどした

問題2　＿＿＿のことばを漢字で書くとき、最もよいものを、1・2・3・4から一つえらびなさい。

9 日本では、今まで女性の首相はぜんれいがない。

1　全令　　　　　　2　全例　　　　　　3　前令　　　　　4　前例

10 シンガポールをけいゆして、ヨーロッパに行く。

1　経油　　　　　　2　径油　　　　　　3　経由　　　　　4　径由

11 せんじつは大変お世話になりました。

1　前日　　　　　　2　先日　　　　　　3　専日　　　　　4　全日

12 弟はりょうしで、毎日船に乗っている。

1　漁土　　　　　　2　漁司　　　　　　3　漁師　　　　　4　漁士

13 何かおつたえすることはございますか。

1　伝え　　　　　　2　伺え　　　　　　3　化え　　　　　4　付え

14 友だちに言われて、自分のじゃくてんがわかった。

1　赤点　　　　　　2　難点　　　　　　3　弱点　　　　　4　欠点

127

問題3 （　　）に入れるのに最もよいものを、1・2・3・4から一つえらびなさい。

15 深くささったとげを医者に（　　　　）もらった。

1 にぎって　　　2 抜いて　　　3 ぬって　　　4 うって

16 山の中で道にまよってしまい、（　　　　）がわからなくなった。

1 向き　　　2 方面　　　3 方向　　　4 前後

17 一か月のアルバイト（　　　　）は、いくらぐらいですか。

1 金　　　2 料　　　3 代　　　4 費

18 毎朝家まで新聞を（　　　　）するのは、日本だけだろうか。

1 配達　　　2 発売　　　3 販売　　　4 分配

19 入り口のドアを（　　　　）とたたいたが、中から返事がなかった。

1 とんとん　　　2 だんだん　　　3 そわそわ　　　4 がたがた

20 どうすれば会社の売り上げが上がるのか、頭が（　　　　）です。

1 かたい　　　2 かゆい　　　3 痛い　　　4 重い

21 ロボットを使うと、作業が少し（　　　　）になった。

1 正常　　　2 正直　　　3 大変　　　4 楽

22 太田さんは飛行機のパイロットの（　　　　）が長い。

1 ストーリー　　　2 パターン　　　3 ライフ　　　4 キャリア

23 聴解問題で点を取るためには、ことばをたくさん覚えるのが（　　　　）だ。

1　効果的　　　　　　2　積極的　　　　　　3　消極的　　　　　　4　具体的

24 机の上にたくさんあった本が、一度に（　　　　）きた。

1　ながれて　　　　　2　くずれて　　　　　3　こぼれて　　　　　4　かさねて

25 このアパートは Wi-Fi がないので、（　　　　）だ。

1　不通　　　　　　　2　不足　　　　　　　3　不利　　　　　　　4　不便

問題4 ＿＿＿＿＿に意味が最も近いものを、1・2・3・4から一つえらびなさい。

26 今週は森田さんが当番だ。

1　担当　　　　　　　2　担任　　　　　　　3　代表　　　　　　　4　代理

27 子どもが寝たので、そっと部屋を出た。

1　すぐに　　　　　　2　急いで　　　　　　3　静かに　　　　　　4　走って

28 空気がとても乾燥している。

1　ひえて　　　　　　2　かわいて　　　　　3　よごれて　　　　　4　しめって

29 すみません、オーダーのキャンセルはできますか？

1　料理　　　　　　　2　会計　　　　　　　3　注文　　　　　　　4　命令

30 仕事や進学で、今は家族がばらばらになっている。

1　いっしょに　　　　2　不安に　　　　　　3　心配に　　　　　　4　別々に

問題5　つぎのことばの使い方として最もよいものを、1・2・3・4から一つえらびなさい。

31 生意気

1　まじめに働く伊藤さんは、生意気な社員だ。

2　何も知らないのに、生意気なことを言うな。

3　シェフの島田さんは生意気で、家でも料理を作るそうだ。

4　テストは生意気な結果だったが、次は頑張ろう。

32 ダイエット

1　本屋には、いろいろなダイエットのやり方を書いた本があった。

2　3か月ダイエットした結果、6キロも太ることができた。

3　毎朝ダイエットをしながら、犬と散歩している。

4　わたしは、ごはんを食べたら15分ほどダイエットをしている。

33 だいぶ

1　なくした財布が見つかったのは、だいぶ時間がたってからだった。

2　勉強より部屋の掃除がだいぶ好きだ。

3　この会社では、社員がだいぶ決まった時間に帰宅する。

4　けんかした二人も、だいぶすぐ仲直りするでしょう。

34 ふむ

1　火事のときは、早く地面をふんで逃げるといい。

2　エスカレーターは、手すりをふんでから乗ってください。

3　そのサッカー選手は、ボールを右足でふんでシュートした。

4　満員電車で、となりの人の足を思い切りふんでしまった。

35 関心

1　この問題は、よく関心しないと間違えやすい。

2　彼女は、何にでも関心がするどい。

3　高校生たちには、もっと世の中のことに関心を持ってほしい。

4　このスポーツは関心しなくても、だれでも上手になれる。

問題6 つぎの文の（　　）に入れるのに最もよいものを、1・2・3・4から一つえらびなさい。

36 貴社のお名前は、前から（　　　　）おります。

1 お知りになって　　　　　　　　　2 ご存じで
3 存じて　　　　　　　　　　　　　4 お聞きになって

37 家を出て会社に（　　　　）が、書類を忘れてまた家に戻った。

1 行きそうだ　　　2 行きかけた　　　3 行き気味だ　　　4 行くそうだ

38 値段（　　　　）、わたしは飛行機より電車のほうがいい。

1 のわりに　　　2 にすれば　　　3 のくせに　　　4 から見ると

39 英語の「グッド・バイ」というあいさつ（　　　　）、「バイ！」はフレンドリーな感じがする。

1 に代わって　　　2 にして　　　3 に対して　　　4 はもちろん

40 この授業では、いつも学習者が漢字テストを受ける（　　　　）。

1 ことになっている　　　　　　　2 ことが決めている
3 ことにしたがっている　　　　　4 ことにさせている

41 母　親「もう9時ですよ。動画を見ていないで勉強も（　　　　）。」
　　子ども「わかったよ。」

1 してくれ　　　2 しなさい　　　3 しておこう　　　4 するべき

42 どうせ（　　　　）、早くやってしまおう。

1 しなければならないばかりか　　　2 しなくてもよいうえ
3 しなくてもよいくせして　　　　4 しなければならないのなら

131

43 最近は、年齢（　　　　　）、本を読まない人が増えている。

1　がわからず　　　　2　にかかわらず　　　3　をたずねず　　　4　を見ず

44 この大学に入る（　　　　　）、もう入学金を支払ってしまった。

1　つもりで　　　　　2　せいか　　　　　　3　かわりに　　　　4　のなら

45 明日は 14 時に、小川様の会社に（　　　　　）。

1　うかがいます　　　　　　　　　　2　おいでになります
3　おたずねします　　　　　　　　　4　お目にかかります

46 毎晩ラジオを聞きながら、中国語を勉強（　　　　　）。

1　するときだ　　　　　　　　　　2　することだった
3　している　　　　　　　　　　　4　するところだ

47 いっしょにきびしいトレーニングをする（　　　　　）により、チームワークが生まれる。

1　まま　　　　　2　わけ　　　　　3　こと　　　　　4　あいだ

48 社員全員がそのプランに反対した。（　　　　　）そのプランは行われなかった。

1　それでも　　　　2　そのうえ　　　　3　なぜなら　　　　4　したがって

問題7 つぎの文の ★ に入る最もよいものを、1・2・3・4から一つえらびなさい。

49 夜中心の ＿＿＿ ＿＿＿ ★ ＿＿＿ 体の調子がよくなった。

1 生活をやめ 　　　　　　　　　2 ことにした

3 早寝早起きする 　　　　　　　4 ところ

50 受験生にとって ＿＿＿ ＿＿＿ ★ ＿＿＿ でしょう。

1 緊張する 　　　2 合格発表 　　　3 ものはない 　　　4 くらい

51 わたしは、タクシー ＿＿＿ ＿＿＿ ★ ＿＿＿ 田舎の町の出身です。

1 めったに 　　　　　　　　　　2 ような

3 でさえ 　　　　　　　　　　　4 走っていない

52 こんなプレゼントを ＿＿＿ ＿＿＿ ★ ＿＿＿ なんかない。

1 うれしく 　　　2 もらった 　　　3 ちっとも 　　　4 としても

53 入学式では ＿＿＿ ＿＿＿ ★ ＿＿＿ が新入生にあいさつをした。

1 入院中の 　　　2 のかわりに 　　　3 校長 　　　4 教頭

問題8　つぎの文章を読んで、文章全体の内容を考えて、　54　から　58　の中に入る最もよいものを、1・2・3・4から一つ選びなさい。

「ふたつよいことさてないものよ」というのは、ひとつよいことがあると、ひとつ悪いことがあるとも考えられる、ということだ。抜擢された(注1)ときは同僚の妬みを買う(注2)だろう。宝くじに当るとたかりにくる(注3)のが居るはずだ。世の中なかなかうまくできていて、よいことずくめ(注4)にならないように仕組まれている。このことを知らない　54　、愚痴(注5)を言ったり、文句を言ったりばかりして生きている人も居る。その人の言っている悪いことは、何かよいことのバランスのために存在していることを見抜けて(注6)いないのである。

　それでも、人間はよいことずくめを望んでいるので、何か嫌なことがあると文句のひとつも言いたくなってくるが、　55　、「ふたつよいことさてないものよ」とつぶやいて(注7)、全体の状況をよく見ると、なるほどうまく出来ている、と微笑するところまでゆかなくとも、苦笑ぐらいして、無用(注8)の腹立ち(注9)を　56　ことが多い。

(中略)

　ふたつよいことがさてないもの、とわかってくると、何かよいことがあると、それとバランスする「わるい」ことの存在が前もって見えてくることが多い。それが前もって見えてくると、少なくともそれを　57　覚悟ができる。人間は同じ苦痛でも覚悟したり、わけがわかっていたりすると相当にしのぎやすい(注10)ものである。　58　、前もって積極的に引き受けることによって、難を軽くすることもできるだろう。

(後略)

(河合隼雄『こころの処方箋』新潮文庫)

（注１）抜擢：多くの人の中から、特に選ばれる

（注２）妬みを買う：人からうらやまれて、にくらしく思われる

（注３）たかりにくる：お金などをもらいにくる

（注４）よいことずくめ：よいことだけ

（注５）愚痴：言ってもしかたがないこと

（注６）見抜く：物事のかくれている大切な点を、判断して知る

（注７）つぶやく：小さな声でひとりごとを言う

（注８）無用：無駄な

（注９）腹立ち：怒ること

（注10）しのぐ：苦しいことやつらいことを、我慢して乗りこえる

54

   1　ために　　　　　　2　うちに　　　　　　3　ところに　　　　　4　ように

55

   1　いつものときに　　　　　　　　　　2　そんなときに
   3　どんなときに　　　　　　　　　　　4　あんなときにも

56

   1　しながらすます　　　　　　　　　　2　しないではすまない
   3　してしまってすます　　　　　　　　4　しなくてすむ

57

   1　与える　　　　　　2　探す　　　　　　3　受ける　　　　　4　落とす

58

   1　ところで　　　　　2　すると　　　　　3　しかし　　　　　4　あるいは

第14日

除雪車除雪作業中

問題1 ＿＿＿＿のことばの読み方として最もよいものを、1・2・3・4から一つえらびなさい。

1 4月29日は「昭和の日」で、日本では祝日だ。

　1　さくじつ　　　　2　しゅくじつ　　　3　さいじつ　　　　4　きゅうじつ

2 今からアンケート用紙を配ります。

　1　おくり　　　　　2　おごり　　　　　3　あつまり　　　　4　くばり

3 ロープを投げて谷に落ちた人を救助した。

　1　まげて　　　　　2　さげて　　　　　3　なげて　　　　　4　にげて

4 家の近くに、よく行く美容院がある。

　1　びょういん　　　2　びよいん　　　　3　びょういん　　　4　びよいん

5 週2回、スポーツジムに通っている。

　1　いって　　　　　2　つうって　　　　3　かよって　　　　4　とおって

6 次の上りの電車は4番ホームから出発します。

　1　うわり　　　　　2　うえり　　　　　3　じょうり　　　　4　のぼり

136

7 日本の化粧品はおみやげとして人気だ。

　1　かしょう　　　　　2　がしょう　　　　　3　けしょう　　　　　4　けじょう

8 毎日外食をしていると、お金がすぐになくなる。

　1　そとしょく　　　　2　がいしょく　　　　3　かしょく　　　　　4　げしょく

問題2　＿＿＿＿のことばを漢字で書くとき、最もよいものを、1・2・3・4から一つえらび
　　　なさい。

9 お茶のさほうを学ぶと、片付けが上手になるそうだ。

　1　作方　　　　　　　2　作法　　　　　　　3　左方　　　　　　　4　左法

10 ストップウォッチで、時間をはかってみた。

　1　図って　　　　　　2　量って　　　　　　3　運って　　　　　　4　計って

11 水でこなになった薬を飲んだ。

　1　粒　　　　　　　　2　粉　　　　　　　　3　精　　　　　　　　4　粧

12 このチームで頑張り、ゆうしょうした。

　1　優勝　　　　　　　2　優賞　　　　　　　3　有勝　　　　　　　4　有賞

13 番号ふだをお持ちになって、お待ちください。

　1　礼　　　　　　　　2　符　　　　　　　　3　札　　　　　　　　4　孔

14 電話はこれからも、こがた化されていくだろう。

　1　小形　　　　　　　2　小型　　　　　　　3　小片　　　　　　　4　小方

137

問題3 （　　　）に入れるのに最もよいものを、1・2・3・4から一つえらびなさい。

15 （　　　　　）が、道を教えていただきたいのですが……。

1　お世話さまです　　　　　　　　2　おそれいります
3　お疲れさまです　　　　　　　　4　失礼です

16 魚も肉も（　　　　）よく食べたほうがいい。

1　マナー　　　　　2　パワー　　　　　3　エネルギー　　　　4　バランス

17 母親と子どもが、手を（　　　　）歩いている。

1　わけて　　　　　2　かぞえて　　　　3　ひかれて　　　　4　つないで

18 レントゲン写真を撮りますから、動かないで（　　　　）していてください。

1　じっと　　　　　2　ほっと　　　　　3　そっと　　　　　4　さっと

19 わからないことを、よく知っている人に聞くのは、（　　　　）やり方だ。

1　がんこな　　　　2　くるしい　　　　3　かしこい　　　　4　おしゃれな

20 入学試験では、（　　　　）なデータをもとに合格者を決める。

1　悲観的　　　　　2　楽観的　　　　　3　主観的　　　　　4　客観的

21 お話をうかがって、（　　　　）の内容はわかりました。

1　つぎつぎ　　　　2　もしかして　　　　3　だいたい　　　　4　あれこれ

22 パーティー用の飲み物も、これだけあれば（　　　　）でしょう。

1　楽しむ　　　　　2　もてる　　　　　3　足りる　　　　　4　だまる

138

23 （　　　　）こんなことになるとは、思っていませんでした。

　　1　まさか　　　　　　2　たとえば　　　　　3　もしも　　　　　4　まさに

24 あの人はいくつになっても考え方が（　　　　）。

　　1　つらい　　　　　　2　長い　　　　　　　3　おさない　　　　4　明るい

25 （　　　　）していて、友だちがいたのに気がつかなかった。

　　1　にっこり　　　　　2　ぼんやり　　　　　3　しいんと　　　　4　きっちり

問題4　_____に意味が最も近いものを、1・2・3・4から一つえらびなさい。

26 古いデータをパソコンから削除した。

　　1　変えた　　　　　　2　消した　　　　　　3　移した　　　　　4　まとめた

27 部長は社員たちに、もっと働くように要求している。

　　1　とりあげて　　　　2　かんがえて　　　　3　つたえて　　　　4　のぞんで

28 長く使っていたかばんが、とうとう壊れた。

　　1　ついに　　　　　　2　なぜか　　　　　　3　急に　　　　　　4　やがて

29 子どもたちは、おとなしくテレビを見ている。

　　1　よく　　　　　　　2　やさしく　　　　　3　静かに　　　　　4　かわいく

30 おみやげの箱を早速開けた。

　　1　あとで　　　　　　2　やっと　　　　　　3　そっと　　　　　4　すぐに

139

問題5　つぎのことばの使い方として最もよいものを、1・2・3・4から一つえらびなさい。

31 どきどき

1　飛行機が飛び立つときは、いつもどきどきしている。
2　とても冷静に、心がどきどきした。
3　駅のホームで弟に会い、一瞬どきどきした。
4　よく行くスーパーで買い物をするときは、どきどきする。

32 単位

1　それではみなさん、同じ人数の単位で集まってください。
2　センチメートル、キロメートルなどは長さの単位だ。
3　このクラブの単位の目標は、全国大会に出ることだ。
4　この大学では授業の単位によって、教える先生が違う。

33 厚い

1　外に出たら厚い風が吹いてきた。
2　むかしより体重が 10 キロも厚い。
3　こんなに厚い本を全部読むなんてすごいですね。
4　山の上では空気が厚い。

34 ちゃんと

1　すぐにそちらに参りますので、ちゃんとお待ちください。
2　スピーチコンテストの発表は、ちゃんと流れている。
3　どこに進学するか、ちゃんと悩んでいる。
4　朝ごはんを毎朝ちゃんと食べていますか。

35 みがく

1　メンバーは毎日練習をして、性格をみがいている。
2　年末の大掃除で、ふとんもみがいておいた。
3　出かける前には、いつも靴をみがいている。
4　何回も書くことで、作文をみがいてきた。

問題6　つぎの文の（　　）に入れるのに最もよいものを、1・2・3・4から一つえらびな
　　　さい。

36 みなさまに、無料のシャンプーセットを（　　　　　）おります。

　　1　お配りして　　　　　　　　　　　　　2　お配りいただいて

　　3　お配りになって　　　　　　　　　　　4　お配りで

37 さとうやミルク（　　　　　）のブラックコーヒーは、あまり飲まない。

　　1　ぬき　　　　　　　2　かけ　　　　　　3　だけ　　　　　　4　むけ

38 けんかの相手に、悪口を（　　　　　）っぱなしだった。

　　1　言い　　　　　　　2　言う　　　　　　3　言わせる　　　　4　言われ

39 このコップは熱（　　　　　）強く、電子レンジでも使用できる。

　　1　に対して　　　　　2　に当たって　　　3　に向けて　　　　4　に比べて

40 A「今の会社をやめて、二人で新しくレストランを始めてみない？」
　　B「ちょっと、（　　　　　）ください。」

　　1　考えて　　　　　　2　考えさせて　　　3　考えてみて　　　4　考えさせられて

41 ゲームが好きな丸山さんは、国内だけでなく今アジアで人気のeスポーツ（　　　　　）
　　よく知っている。

　　1　についてだけ　　　　　　　　　　　　2　だけに

　　3　についてさえ　　　　　　　　　　　　4　にさえ

42 今日は病院に行く予定なので、早く（　　　　　）ませんか。

　　1　帰らせてください　　　　　　　　　　2　帰らせてもらい

　　3　帰ってください　　　　　　　　　　　4　帰ってもらい

141

43 祖父はしわ（　　　　）手で手紙を書いてくれた。

1　らしい　　　　　2　しかない　　　　　3　みたいな　　　　　4　だらけの

44 女の子だからといって、あまい物が好きだとは（　　　　）。

1　くらべない　　　2　かぎらない　　　　3　いわれない　　　　4　かまわない

45 店員　「ご注文は何に（　　　　）か。」
　　客　　「じゃ、ランチセットを一つお願いします。」

1　いただきます　　2　ございます　　　　3　なさいます　　　　4　いたします

46 この会社は週休２日、（　　　　）、一週間に５日働きます。

1　それに　　　　　2　つまりは　　　　　3　いわゆる　　　　　4　または

47 シェイクスピアの作品（　　　　）、やっぱり『ロミオとジュリエット』だね。

1　というと　　　　2　というか　　　　　3　からして　　　　　4　からいうと

48 大好きだったペットに（　　　　）、とても悲しかった。

1　死んで　　　　　2　死なれて　　　　　3　死なせて　　　　　4　死なさせて

142

問題7 つぎの文の___★___に入る最もよいものを、1・2・3・4から一つえらびなさい。

49 さっき、もう少しで ＿＿＿ ＿＿＿ __★__ ＿＿＿ だった。

 1　けがをする 2　ぶつかって 3　ところ 4　前の車と

50 もしも気になる ＿＿＿ ＿＿＿ __★__ ＿＿＿ いかがでしょうか。

 1　アプリが 2　みるのは 3　あったら 4　試して

51 ＿＿＿ ＿＿＿ __★__ ＿＿＿ 最近テレビ番組であまり見かけない。

 1　有名人 2　あの人は 3　だった 4　わりには

52 今横浜だから、あと 40 分で ＿＿＿ ＿＿＿ __★__ ＿＿＿ 鎌倉に行けるはずです。

 1　みんなが 2　待って 3　先に着いた 4　くれている

53 このファミリーレストランには ＿＿＿ ＿＿＿ __★__ ＿＿＿ おもてなしの心があふれている。

 1　アルバイト 2　ばかりでなく 3　社員 4　にも

第14日

143

問題8 つぎの文章を読んで、文章 全体の内容を考えて、 54 から 58 の中に入る
最もよいものを、1・2・3・4から一つ選びなさい。

大学で、私が犬を飼っていることを知っている学生が、授業が終わったあとに、

「先生、犬を飼ってますよね。私も先生と同じパピヨン(注1)飼ってます。パピヨンっ
て〜」

などと 54 ことがあります。

私も犬好きですから、

「そうそう、カワイイんだよね。君のところはなんていう名前？」 55 話になる。

話の内容はその程度でも、その学生のことは覚えているんです。「ああ、パピヨン飼っ
てる子ね」という感じで。

自分 56 相手、お互いに共通したフィールド(注2)にある話題は記憶に残りやすい
んです。

相手の興味関心というフック(注3)に、「自分もそうなんです！」といった具合に話題
を引っかけていくと、相手も反応を見せてくれる。共通の話題ゆえに話も盛り上がりま
す。

そして、そのフックは具体的であるほどいい。

学生の話でも、「犬が好き」ではなく、「パピヨンが好き」という、より具体的なフッ
クがあるからこそ、私の記憶によりはっきりと残るのです。

人は誰でも自分が好きなものの話では盛り上がるし、得意なことの話題では饒舌(注4)
になるもの。この人と顔を合わせると、必ず○○の話になる——こうしたケース(注5)は
57 。

もちろん逆のことも 58 、自分の興味関心というフックに、相手が話題を引っか
けてくれると、こちらも気持ちよく話ができるでしょう。

(齋藤孝『雑談力が上がる話し方』ダイヤモンド社)

144

（注1）パピヨン：犬の種類
（注2）フィールド：分野
（注3）フック：物をかけるところ
（注4）饒舌：よくしゃべる
（注5）ケース：場合

54

  1　話しかけてくる　　　　　　　　2　話しかけてみる

  3　話し出していく　　　　　　　　4　話し出してみせる

55

  1　みたいに　　　　2　みたい　　　　3　みたいで　　　　4　みたいな

56

  1　の　　　　　　　2　と　　　　　　3　も　　　　　　4　に

57

  1　有効なものです　　　　　　　　2　悪いものです

  3　多いものです　　　　　　　　　4　少ないものです

58

  1　いって　　　　2　いえて　　　　3　いわせて　　　　4　いわれて

第15日

書写山の　社僧正
（しょしゃさん）　（しゃそうせい）

問題1 　＿＿＿のことばの読み方として最もよいものを、1・2・3・4から一つえらびなさい。

1 わたしはラーメンもパスタも、両方好きです。

1　りょうかた　　2　りょうほう　　3　ふたかた　　4　ふたほう

2 タクシーはあの角に止めてください。

1　はし　　　　2　つの　　　　3　かど　　　　4　かく

3 古新聞を束にする。

1　そく　　　　2　ぞく　　　　3　たば　　　　4　だば

4 27日ですが、10時からのご都合はいかがでしょうか。

1　つごう　　　2　とあい　　　3　つあい　　　4　とごう

5 新しい計画を実行した。

1　じつぎょう　　2　じつこう　　3　じっぎょう　　4　じっこう

6 出口がわからないので、係員に聞いてみよう。

1　いいん　　　2　てんいん　　3　けいびいん　　4　かかりいん

146

7 早起きして、日光をたくさん浴びる。

1 にちひかり　　　2 にっこう　　　3 にちこう　　　4 にちびかり

8 おみやげは、会社のみんなで平等に分けた。

1 びょうどう　　　2 びょうとう　　　3 へいとう　　　4 へいどう

問題2　_____のことばを漢字で書くとき、最もよいものを、1・2・3・4から一つえらびなさい。

9 来日する友だちを、空港のとうちゃくロビーで待った。

1 到着　　　　2 倒着　　　　3 至着　　　　4 傾着

10 ここから先の道は、ゆうりょうです。

1 優料　　　　2 夕料　　　　3 有料　　　　4 友料

11 あの選手は100メートルを10びょうで走る。

1 砂　　　　2 妙　　　　3 沙　　　　4 秒

12 ここに名前と年齢とせいべつを書いてください。

1 性別　　　　2 生別　　　　3 姓別　　　　4 牲別

13 ヨーロッパでじんこうが一番多い国はどこですか。

1 人工　　　　2 人口　　　　3 人幸　　　　4 人行

14 バーゲンセールの商品は、へんぴんすることができない。

1 迫品　　　　2 追品　　　　3 返品　　　　4 辺品

問題3 （　　）に入れるのに最もよいものを、1・2・3・4から一つえらびなさい。

15 大きなかばんは、駅の（　　　　　）に預けた。

1　エレベーター　　　2　ホーム　　　　　3　ロッカー　　　　4　コーナー

16 むかしは（　　　　）サチコさんは、今は政治家として活動している。

1　おとなしかった　　　　　　　　　2　きのどくだった
3　へいきだった　　　　　　　　　　4　めんどくさかった

17 行くか行かないか、ずっと考えていたが、（　　　　）行くことにした。

1　つねに　　　　2　結局　　　　3　たまに　　　　4　次々

18 そこの、（　　　　）の交差点をまっすぐ行ってください。

1　反対　　　　2　ななめ　　　　3　横道　　　　4　手前

19 汚れてきたかべに、新しいペンキを（　　　　）。

1　うえた　　　　2　つけた　　　　3　ぬった　　　　4　とかした

20 （　　　　）して、花に水をやるのを忘れていた。

1　うっかり　　　　2　すっかり　　　　3　しっかり　　　　4　がっかり

21 家族の（　　　　）で、急に国に帰ることになった。

1　事実　　　　2　実験　　　　3　状態　　　　4　事情

22 （　　　　）これから1か月休めるとしたら、あなたはどうしますか。

1　まさか　　　　2　ついに　　　　3　たとえば　　　　4　たしか

23 みんなが手伝ってくれたので、とても（　　　　）。

1　たすかった　　　2　よろこんだ　　　3　やくだった　　　4　おちこんだ

24 渡辺さんはこの会社で 15 年も働いている（　　　　）の社員だ。

1　キャプテン　　　2　オーナー　　　3　トップ　　　4　ベテラン

25 今月はすでに市内で交通事故が 10（　　　　）も起こっている。

1　部　　　2　件　　　3　台　　　4　通

問題４ ＿＿＿に意味が最も近いものを、１・２・３・４から一つえらびなさい。

26 困った人をたすけるのは、当たり前だ。

1　簡単だ　　　2　難しい　　　3　よくあることだ　　　4　当然のことだ

27 弟は半年で大学を退学した。

1　休んだ　　　2　やめた　　　3　変わった　　　4　入った

28 父は体調をくずしている。

1　よくして　　　2　変えて　　　3　悪くして　　　4　治して

29 わたしたちの夢は、どんどんふくらんでいる。

1　おもしろくなっている　　　　　2　よくなっている
3　楽しくなっている　　　　　　　4　広がっている

30 車がのろのろと運転をしている。

1　ゆっくり　　　2　速く　　　3　静かに　　　4　危険な

149

問題5　つぎのことばの使い方として最もよいものを、1・2・3・4から一つえらびなさい。

31 わくわく

1　今から面接なので、手から汗がわくわく出ている。

2　あしたは友だちと遊園地へ行くので、今からわくわくしている。

3　空に雲が一つもないので、たくさんの星がわくわくしている。

4　赤ちゃんはミルクを飲んだので、わくわくしている。

32 暮らす

1　この森には、いろいろな植物が暮らしている。

2　このビジネスホテルには、二泊暮らす予定だ。

3　祖父母は「もう年金だけでは暮らしていけない」と言っている。

4　毎日暑い日が続きますが、みなさま、いかがお暮らしでしょうか。

33 日帰り

1　念のため、病院に日帰りで通うことになった。

2　週末日帰りで友人と温泉に行く。

3　日帰りで犬と川原を散歩している。

4　今夜は遅くなるけど、23時ごろには日帰りするよ。

34 くやしい

1　難しい実験が何とか成功して、くやしかった。

2　彼の話し方はとてもよくわかり、くやしい。

3　これはこの山でしか見られないくやしい植物だ。

4　何度も練習したのにうまくできなくて、くやしかった。

35 感動する

1　動物が子どもを育てる姿を見て、感動した。

2　感動してもいいから、やってみてください。

3　もうすぐ手術を受けるので、とても感動する。

4　人の話を聞いて、「本当にそうだろうか」と感動してしまった。

問題6　つぎの文の（　　　）に入れるのに最もよいものを、1・2・3・4から一つえらびな
　　　さい。

36 よく練習（　　　　）でないと、いっしょにゴルフコースは回れません。

　　1　してから　　　　　2　してまで　　　　　3　するまで　　　　4　までして

37 彼女は「またね」と言う（　　　　）、手をにぎってくれた。

　　1　ところに　　　　　2　うちに　　　　　3　かわりに　　　　4　わりに

38 あの寿司屋はおいしいことは（　　　　）、値段が高すぎる。

　　1　おいしいし　　　　　　　　　　　2　おいしいけど
　　3　おいしいとか　　　　　　　　　　4　おいしいので

39 これからも地元のバスケットボールチームを（　　　　）ぞ。

　　1　応援してみる　　　　　　　　　　2　応援していく
　　3　応援してきた　　　　　　　　　　4　応援してくる

40 ３Ｄ映画は、やはり大きなスクリーンのある映画館で見る（　　　　）。

　　1　までだ　　　　　　2　ところだ　　　　　3　にかぎる　　　　4　ようだ

41 病院では診察を受けるまで（　　　　）。

　　1　ただ待つしかなかった　　　　　　2　ずっと待ちつづけられた
　　3　ずっと待っているわけがなかった　　4　ただ待つだけにしてと言った

42 先生は学生に教える（　　　　）、授業の準備もしなくてはならない。

　　1　うちに　　　　2　ついでに　　　　3　かわりに　　　　4　いっぽうで

151

43 A「もしペットを飼う（　　　　）、何がいい?」
　　B「やっぱりねこだな。」

　　1　としても　　　　　2　にしたなら　　　　3　とすると　　　　4　にしたって

44 学生時代はもっと旅行をすれば（　　　　）と、今でも残念に思う。

　　1　よい　　　　　　　2　よくない　　　　　3　よかった　　　　4　よくなかった

45 わたしはサイフルと（　　　　）。バングラデシュから来ました。

　　1　申し上げます　　　2　申します　　　　　3　存じます　　　　4　おっしゃいます

46 A「タイ料理のトムヤムクン（　　　　）、どんなスープ?」
　　B「エビの入っているスープだよ。」

　　1　っていうのは　　　2　ってば　　　　　　3　ってのが　　　　4　ってしったら

47 ビジネスがうまくいって、使いきれない（　　　　）大金が手に入った。

　　1　ほどの　　　　　　2　みたいな　　　　　3　らしい　　　　　4　かぎりの

48 子どものとき、祖父母によく（　　　　）ものだ。

　　1　遊びたがった　　　　　　　　　　　2　遊んであげた
　　3　遊んでほしかった　　　　　　　　　4　遊んでもらった

152

問題7　つぎの文の＿★＿に入る最もよいものを、1・2・3・4から一つえらびなさい。

49 海に行く子どもたちに、＿＿＿＿ ＿＿＿＿ ＿★＿ ＿＿＿＿ 声をかけた。

　　1　バスタオルを　　　2　忘れない　　　3　水着や　　　　4　ように

50 さっき ＿＿＿＿ ＿＿＿＿ ＿★＿ ＿＿＿＿ 見つからない。

　　1　メールアドレスを　　　　　　　2　メモした
　　3　紙が　　　　　　　　　　　　　4　はずの

51 テストを ＿＿＿＿ ＿＿＿＿ ＿★＿ ＿＿＿＿ が、まだ裏にも問題があった。

　　1　解いた　　　　　2　だった　　　　3　つもり　　　　4　全問

52 まだ小さい子どもには、＿＿＿＿ ＿＿＿＿ ＿★＿ ＿＿＿＿ と思う。

　　1　なんて　　　　2　はずもない　　　3　わかる　　　　4　お金の価値

53 山本さんはただの ＿＿＿＿ ＿＿＿＿ ＿★＿ ＿＿＿＿ だった。

　　1　むしろ　　　　2　というよりは　　　3　クラスメート　　　4　初恋の人

153

問題8　つぎの文章を読んで、文章全体の内容を考えて、　54　から　58　の中に入る最もよいものを、1・2・3・4から一つ選びなさい。

2020年の東京オリンピック・パラリンピック　54　、経済産業省は公共施設などで使われる案内用の図記号を外国人にも分かりやすくする。3本の湯気(注1)が立った温泉の図記号は、外国人には「温かい料理」に　55　、人の姿を入れたものに変える。

経産省が7日、日本工業規格（JIS）(注2)の改正委員会で、現在約140ある図記号のうち約70を国際標準化機構（ISO）の規格に来夏からそろえる方針を示した。手のひらに斜線(注3)が引かれた「さわるな」を意味する図記号は、　56　に「近寄るな」と受け取られるため、手を横から見たデザインにする。残りの70程度は、あてはまる国際規格がないといった理由で、　57　。

また、イスラム教徒を念頭においた(注4)祈禱室(注5)や、海外のキャッシュカードが使えるＡＴＭ、無線ＬＡＮが使えるエリアなどを示す約40の図記号も新たに追加する。

こうした図記号は02年のサッカー日韓Ｗ杯(注6)を機(注7)にJISに定められ、多くの公共施設や交通機関がこれに沿った表示をしてきた。　58　、その後に国際規格ができたため、日本のものとデザインが異なるものも多数あった。

（『朝日新聞』2016年7月8日付）

（注1）湯気：熱いお湯から出る蒸気
（注2）規格：形や大きさなどの決まり
（注3）斜線：ななめの線
（注4）念頭におく：忘れないでいる
（注5）祈禱室：お祈りのために使う部屋
（注6）サッカー日韓Ｗ杯：2002年に日本と韓国で行われたサッカーのワールドカップのこと
（注7）機：機会

54

1 とともに 　　　　 2 に向け 　　　　 3 にしたがって 　　　 4 まで

55

1 見えるというのに 　　　　　　　　 2 見えるというのは

3 見えるといえば 　　　　　　　　　 4 見えるといい

56

1 外国人 　　　　　 2 日本人 　　　　　 3 東京都民 　　　　 4 委員

57

1 そのまま使う 　　　　　　　　　　 2 あとでやめる

3 すぐに変える 　　　　　　　　　　 4 自由に決める

58

1 だから 　　　　　 2 ところで 　　　　 3 ただ 　　　　　 4 そのうえ

155

第16日

お綾や　母親に　お謝りなさい

問題1　＿＿＿のことばの読み方として最もよいものを、1・2・3・4から一つえらびなさい。

1 旅行ガイドとは現地ではじめて会った。

　　1　げんぢ　　　　2　げんち　　　　3　げんじょう　　　4　げんば

2 バイクで転んで、足に傷ができた。

　　1　きず　　　　　2　あと　　　　　3　やけど　　　　　4　しわ

3 戦争のない平和な社会が来ますように。

　　1　びょうわ　　　2　たいらわ　　　3　ひらわ　　　　　4　へいわ

4 携帯電話の電波が届かない。

　　1　でんなみ　　　2　でんは　　　　3　でんぱ　　　　　4　でんば

5 国の代表に選ばれ、とてもうれしい。

　　1　たいひょう　　2　だいひょう　　3　だいひよう　　　4　だいぴょう

6 別れのあいさつに、胸がいっぱいになった。

　　1　むね　　　　　2　こし　　　　　3　のど　　　　　　4　こころ

156

[7] 夜になり、気温が少しずつ低下してきた。

1　ていげ　　　2　ていけ　　　3　ていか　　　4　ていが

[8] 新しい日本語コースに入りたいのですが、何か資料がありますか。

1　しか　　　　2　しりょう　　3　しりょ　　　4　しいか

問題2　＿＿＿＿のことばを漢字で書くとき、最もよいものを、1・2・3・4から一つえらびなさい。

[9] すみません、おさらをもう一枚ください。

1　皿　　　　　2　血　　　　　3　冊　　　　　4　杯

[10] 日本は海外のいろいろな国とぼうえきをしている。

1　貿易　　　　2　貿益　　　　3　防易　　　　4　防益

[11] 人気のレストランをよやくした。

1　要約　　　　2　要役　　　　3　予約　　　　4　予役

[12] いつかアメリカたいりくで仕事をしてみたい。

1　大里　　　　2　大台　　　　3　大村　　　　4　大陸

[13] 海外で、日本のおかしは人気があるそうだ。

1　菓市　　　　2　菓子　　　　3　果子　　　　4　果皮

[14] 新しいはっそうを生かして、商品を作る。

1　発争　　　　2　発想　　　　3　発送　　　　4　発走

問題3 （　　）に入れるのに最もよいものを、1・2・3・4から一つえらびなさい。

15 久保田さんは広島の（　　　　）です。

1 出生　　　　　2 出身　　　　　3 故郷　　　　　4 誕生

16 無料でいろいろな（　　　　）が楽しめるアプリケーションが増えている。

1 インターン　　2 ヒント　　　　3 出店　　　　　4 機能

17 学生時代は（　　　　）でサークル活動をした。

1 最中　　　　　2 熱中　　　　　3 夢中　　　　　4 途中

18 100円玉がなかったので、売店で（　　　　）してもらった。

1 両替　　　　　2 取り替え　　　3 交代　　　　　4 交換

19 （　　　　）非常ベルがなったので、驚いてしまった。

1 とたんに　　　2 すぐに　　　　3 今にも　　　　4 突然

20 わたしはあまくなくて（　　　　）コーヒーが好きだ。

1 はげしい　　　2 まちどおしい　3 こい　　　　　4 おかしい

21 みんなに迷惑をかけたので、（　　　　）している。

1 仲直り　　　　2 反省　　　　　3 反対　　　　　4 想像

22 （　　　　）から、ずっといい天気が続いている。

1 数日　　　　　2 翌日　　　　　3 しあさって　　4 おととい

23 アイスクリームを食べたら、手が（　　　　）になってしまった。

1 つるつる　　　2 ずきずき　　　3 べとべと　　　4 ぴかぴか

24 お金をたくさん（　　　）、海外旅行に行きたい。

1　つんだら　　　　　　　　　2　あずけたら
3　うけつけたら　　　　　　　4　ためたら

25 その裁判は、（　　　）公開で行われた。

1　非　　　　2　未　　　　3　無　　　　4　不

問題4　＿＿＿に意味が最も近いものを、1・2・3・4から一つえらびなさい。

26 ピンク色の車は、とても目立つ。

1　見せる　　　2　走る　　　3　よくわかる　　　4　よく売れる

27 今日はわたしがごちそうします。

1　お金をはらいます　　　　　2　お金を集めます
3　お金をもらいます　　　　　4　お金を計算します

28 店の前で新商品の特徴をアピールする。

1　目立つところ　　　　　　　2　考え方
3　得意なこと　　　　　　　　4　様子

29 おばあちゃんたちが公園でおしゃべりをしている。

1　いたずら　　　2　話　　　3　遊び　　　4　じゃま

30 今年の夏にこのロボットは完成する。

1　一度中止する　　　　　　　2　前に進む
3　途中でやめる　　　　　　　4　できあがる

問題5　つぎのことばの使い方として最もよいものを、1・2・3・4から一つえらびなさい。

31 パンク

1　荷物を入れたら、スーツケースがパンクした。

2　毎日忙しく働きすぎて、体がパンクした。

3　学校に行く途中、自転車のタイヤがパンクした。

4　コンサート会場にはたくさんのファンが来て、パンクした。

32 遠慮

1　こちらへのお車の駐車はご遠慮願います。

2　大切なお客さまには、遠慮した態度をとります。

3　部屋に入るときは、まずドアを遠慮する。

4　よくわからないことがあったら、遠慮して言ってください。

33 そろそろ

1　電車は、そろそろ駅に着いた。

2　みんな集まったので、そろそろミーティングを始めましょう。

3　もうすぐ自分が歌う番なので、そろそろ緊張してきた。

4　遅く来た学生たちが、そろそろ教室に入って来た。

34 受け取る

1　おばさんの作ったてんぷらを、おいしく受け取りました。

2　小山さんはご両親の仕事を受け取って、今お店をやっている。

3　その部下の意見は受け取ることはできない。

4　もう事務局からビザの書類を受け取りましたか。

35 派手

1　遊園地は、人が多くてとても派手だった。

2　あの人は、いつも派手な服を着ている。

3　今日はとても派手な天気なので、洗濯をしよう。

4　おもしろいと言われていた小説は、とても派手だった。

問題6　つぎの文の（　　）に入れるのに最もよいものを、1・2・3・4から一つえらびな
　　　　さい。

36 買い物の（　　　　）ので、郵便局によった。

　　1　かわりだった　　　2　ついでだった　　　3　とたんだった　　　4　ようだった

37 来春からモンゴルで働くというのは、会社をやめる（　　　　）ですか。

　　1　はず　　　　　　　2　そう　　　　　　　3　みたい　　　　　　4　ってこと

38 あしたは朝が早いから、今晩中にぜんぶ用意して（　　　　）。

　　1　おかなくちゃ　　　　　　　　　2　おくと
　　3　おいちゃおうとか　　　　　　　4　おいちゃった

39 このトレーニングプログラムは11月2日（　　　）三日間（　　　）行われた。

　　1　より　／　にわたって　　　　2　から　／　において
　　3　より　／　にまで　　　　　　4　から　／　にかけて

40 遊んでばかりいると、試験のときに困る（　　　　）よ。

　　1　ことになっている　　　　　　2　こととさせている
　　3　ことになる　　　　　　　　　4　ことにする

41 時間が（　　　　）、かえって集中して勉強できるのです。

　　1　あったらあったで　　　　　　2　あったらなかったで
　　3　なかったらなかったで　　　　4　なかったらあったで

42 そんなに（　　　　）、だいじょうぶですよ。

　　1　こわくなくても　　　　　　　2　こわがらなくても
　　3　こわくしなくても　　　　　　4　こわすぎなくても

161

43 かばんに本を（　　　　）、ぜんぶ入らなかった。

1　入れろとしたが　　　　　　　　　2　入れたいとしたが

3　入れるとしたが　　　　　　　　　4　入れようとしたが

44 病気になったので、遊びに行くのをあきらめる（　　　　）なかった。

1　だけ　　　　　2　こと　　　　　3　しか　　　　　4　のみ

45 君の仕事は遅れ（　　　　）だから、注意したほうがいいよ。

1　やすい　　　　2　ぎみ　　　　　3　どおり　　　　4　っぽい

46 この学校では、一時間（　　　　）にチャイムがなる。

1　たび　　　　　2　ずつ　　　　　3　おき　　　　　4　あと

47 今日は雨が（　　　　）の天気です。

1　降ってはやんでは　　　　　　　　2　降ってやんで

3　降るしやむし　　　　　　　　　　4　降ったりやんだり

48 急いでいるからといって、赤信号で道路を渡る（　　　　）。

1　わけにもいかない　　　　　　　　2　ようではない

3　しかない　　　　　　　　　　　　4　べきでもない

問題7 つぎの文の___★___に入る最もよいものを、1・2・3・4から一つえらびなさい。

49 他人に ___ ___ __★__ ___ ものです。

1 親切に 　　　　　　　　　　 2 言う

3 ありがとうと 　　　　　　　 4 されたら

50 チームが逆転したら、___ ___ __★__ ___ になった。

1 かのような 　　 2 まるで 　　 3 優勝した 　　 4 さわぎ

51 上田さん、もしかすると ___ ___ __★__ ___ ね。

1 いいことが 　　　　　　　　 2 何かとても

3 のかもしれない 　　　　　　 4 あった

52 期待して ___ ___ __★__ ___ おもしろくなかった。

1 友だちと 　　 2 そんなに 　　 3 舞台は 　　　 4 見に行った

53 ___ ___ __★__ ___ いったいだれが食べるのですか。

1 なんて 　　　　　　　　　　 2 食べ物

3 変なにおいの 　　　　　　　 4 する

163

問題8　つぎの文章を読んで、文章全体の内容を考えて、　54　から　58　の中に入る最もよいものを、1・2・3・4から一つ選びなさい。

　　いつも努力を続けているのだが、その　54　報われる（注1）ことが少ない、とか、損（注2）をしているとか嘆く（注3）人がいる。確かに話を聞いてみると、よく努力をしているのだが、大切なところで貧乏くじ（注4）を引いたり、少しのことで遅れをとったりしてしまう。あるいは、努力を続けているのに、大事なときになると思いがけない不運なことが起きてしまうのである。このような人は、「運が悪い」と言って嘆くことが多い。それに比して、友人の誰それは本当に運がいい。それほどの努力をしていないのに、うまく好運をつかんでいる、というわけである。

　　　55　人間にとって、運というものはあるように思われる。努力をしても報われない人もあるし、努力をせずに運をつかむこともある。しかし、長い目で見ていると、世の中　56　うまく出来ていて、「運が悪い」と嘆く人が言うほど、不公平（注5）にできているわけでもなさそうである。

　　「運が悪い」と嘆く前に考えてみなくてはならぬことが沢山あるが、そのなかのひとつ　57　、人生には時に「100点以外はダメなときがある」ことを知る必要がある。努力を続けてきた、という人のなかには、常に80点の努力を続けてきている人がある。確かにその人の「平均点」は人並（注6）以上どころか、　58　。ところが、100点以外はダメ、というときも80点をとっていては駄目なのである。

（河合隼雄『こころの処方箋』新潮文庫）

（注1）報われる：努力した結果に対して、ふさわしい結果が出ること
（注2）損：減る、努力をしてもよい結果が出ない
（注3）嘆く：悲しみや不満の気持ちをことばや声に出す
（注4）貧乏くじ：いつも人よりも苦労をしてしまう役割
（注5）不公平：人やものごとのあつかいが、公平になっていない
（注6）人並：世間の普通の人と同じくらいである

54
1 かわりに　　2 つもりで　　3 ために　　4 割(わり)に

55
1 ところが　　2 ところで　　3 確かに　　4 確か

56
1 なかなか　　2 いちいち　　3 わざわざ　　4 そろそろ

57
1 こそ　　2 さえ　　3 として　　4 でも

58
1 どうしても高くない　　2 大変に高い
3 あまり高くない　　　　4 なぜか高い

第17日

魔術師魔術修行中

問題1 _____のことばの読み方として最もよいものを、1・2・3・4から一つえらびなさい。

1 新しいかぎを作ってもらったら、案外安かった。

　　1　やすそと　　　　2　やすがい　　　　3　あんそと　　　　4　あんがい

2 目が疲れたら、遠くの緑を見るとよい。

　　1　みどり　　　　　2　りょうく　　　　3　ろく　　　　　　4　りょく

3 ミーコは我が家にやってきた新しい子ねこだ。

　　1　わがうち　　　　2　わがや　　　　　3　わがけ　　　　　4　わがへや

4 毎月の電気代やガス代は月末に払っている。

　　1　げつみ　　　　　2　つきみ　　　　　3　げつまつ　　　　4　つきまつ

5 今、社長は会議中ですが、何か伝言がおありですか。

　　1　でんごん　　　　2　でんげん　　　　3　てんごん　　　　4　てんげん

6 この海は、いつ見ても美しい。

　　1　なつかしい　　　2　やさしい　　　　3　すばらしい　　　4　うつくしい

166

| 7 | 父の体重は今80キロだ。 |

1　たいじゅ　　　　2　だいじゅ　　　　3　たいじゅう　　　　4　だいじゅう

| 8 | この飛行機の定員は560名です。 |

1　てんいん　　　　2　ていいん　　　　3　てえいん　　　　4　ていん

問題2　＿＿＿＿のことばを漢字で書くとき、最もよいものを、1・2・3・4から一つえらび
　　　なさい。

| 9 | テーブルの上に料理をならべた。 |

1　調べた　　　　2　選べた　　　　3　並べた　　　　4　比べた

| 10 | だいり店に旅行ビザを取ってもらった。 |

1　代利　　　　2　代理　　　　3　大利　　　　4　大理

| 11 | ボーリング場で、ちじんに会った。 |

1　友人　　　　2　知人　　　　3　地人　　　　4　千人

| 12 | 空へふうせんを飛ばした。 |

1　風選　　　　2　風線　　　　3　風舟　　　　4　風船

| 13 | この家のいまは広い。 |

1　居間　　　　2　居真　　　　3　入間　　　　4　入真

| 14 | 地震にあったら、まず自分のみを守ることが大切です。 |

1　命　　　　2　体　　　　3　身　　　　4　心

問題3 （　　）に入れるのに最もよいものを、1・2・3・4から一つえらびなさい。

15 ご不明な点は（　　　　）おたずねください。

1 お気軽に　　　　2 ご機嫌に　　　　3 お手軽に　　　　4 お気楽に

16 留守番電話には2件の（　　　　）が入っていた。

1 メール　　　　2 メッセージ　　　　3 レッスン　　　　4 タッチ

17 日本語の文章が（　　　）書けるようになりたい。

1 そろそろ　　　　2 うきうき　　　　3 すらすら　　　　4 ぺらぺら

18 10月になって秋も（　　　　）きた。

1 高まって　　　　2 広まって　　　　3 深まって　　　　4 静まって

19 当社では荷物の（　　　）の日時が、自由に決められます。

1 お見送り　　　　2 出前　　　　3 改札　　　　4 お届け

20 家の手伝いを妹にばかりさせる姉は（　　　　）。

1 ずるい　　　　2 ゆるい　　　　3 だるい　　　　4 ぬるい

21 お風呂場に（　　　）が生えていた。

1 かび　　　　2 さび　　　　3 におい　　　　4 ほこり

22 時間はまだたくさんありますから、（　　　　）ください。

1 あわてないで　　　　　　　　2 おぼれないで
3 おくれないで　　　　　　　　4 あらわれないで

168

23 助けてもらったのに、（　　　）が言えなかった。

1　お祈り　　　2　お名前　　　3　お願い　　　4　お礼

24 漢字はいつも（　　　）に書いてください。

1　素直　　　2　熱心　　　3　器用　　　4　正確

25 玄関でサンダルをきちんと（　　　）から部屋に上がる。

1　はなして　　　2　そろえて　　　3　ずらして　　　4　はいて

問題4　＿＿＿に意味が最も近いものを、1・2・3・4から一つえらびなさい。

26 留学するために、親と話し合った。

1　説明した　　　2　けんかした　　　3　相談した　　　4　伝えた

27 日本に来る旅行者が、ますます増えている。

1　とても　　　2　少し　　　3　前から　　　4　さらに

28 けんかのとき、つい弟をぶってしまった。

1　怒って　　　2　たたいて　　　3　いじめて　　　4　押して

29 先生に言われレポートを見直した。

1　見方を聞いた　　　　　　2　見るのを待った
3　考えて見た　　　　　　　4　もう一度見た

30 ひさしぶりに親しい友だちが集まった。

1　仲がいい　　　2　なつかしい　　　3　近くに住む　　　4　かわいらしい

問題5　つぎのことばの使い方として最もよいものを、1・2・3・4から一つえらびなさい。

31 愛する

1　これからビールに愛される季節になって来た。

2　きのう世界中で愛されていたアイドル歌手がなくなった。

3　仕事で愛されるまで努力を続けるつもりだ。

4　毎日同じものと食べると、やはり愛されてしまう。

32 割合に

1　飛行機は割合に時間通り空港に到着した。

2　このマンションは駅から近いが、割合に家賃が安い。

3　まだ冬なのに暖かく、今日は割合に春のようだ。

4　石川さんはダンスが好きだったのに、割合に歌も上手だった。

33 だんだん

1　時間がないから、この仕事はだんだんやってしまおう。

2　だんだんだが、社長にはいつもびっくりさせられる。

3　問題点があれば、だんだん直していく。

4　娘が大きくなり、だんだんいっしょにいる時間が少なくなってきた。

34 どく

1　じゃまなので、そこをどいてください。

2　いつも忙しいときにどいてくれて、ありがとうございます。

3　さっきまでいた女の子が、知らないうちにどいてしまった。

4　古いデパートがどいて、その場所に新しいお店ができた。

35 順番

1　まず順番を立ててから、作業を進めよう。

2　駅から学校までの順番を説明した。

3　順番にお呼びしますから、座ってお待ちください。

4　この料理の順番の作り方を教えてください。

問題6 つぎの文の（　　）に入れるのに最もよいものを、1・2・3・4から一つえらびなさい。

36 その仕事は実際に（　　　　）、できるかどうかわからない。

1 始めてみないことには　　　　　　2 始めてみることには

3 始めてみなかったことには　　　　4 始めてみたことには

37 いろいろ考えた（　　　　）、しばらく海外で働くことに決めた。

1 以上　　　　　2 うえで　　　　　3 一方　　　　　4 反面

38 さっきから（　　　　）おなかの調子がよくない。

1 どうぞ　　　　　2 どうにか　　　　3 どうして　　　　4 どうも

39 わたしの（　　　　）通りの写真が撮れて、とてもうれしい。

1 考える　　　　　2 考えます　　　　3 考えた　　　　4 考えない

40 ナム「ズンさん、先生がすぐに教務室に来てください（　　　　）」。
　　ズン「わかった。すぐ行くよ。」

1 そうだ　　　　　2 って　　　　　3 とか　　　　　4 という

41 このボランティアは年齢（　　　　）、だれでも参加できます。

1 といっても　　　2 はもちろん　　　3 からして　　　4 をとわず

42 リー　「今度の会社の旅行には行かれますか。」
　　ナロン「ええ、（　　　　）よ。」

1 参ります　　　　2 おいでです　　　3 いたします　　　4 ございます

43 アメリカ大統領の話を（　　　　）に、円高が進んだ。

1　はじめ　　　　　2　とたん　　　　　3　きっかけ　　　　　4　中心

44 いよいよあしたは、（　　　　）待った発表会の日だ。

1　待って　　　　　2　待ちに　　　　　3　待ちを　　　　　4　待ったに

45 せっかく（　　　　）、家に置いてきてしまった。

1　宿題をしたら　　　　　　　　　　　2　宿題をしたままで
3　宿題をしたとして　　　　　　　　　4　宿題をしたのに

46 こんな遠い外国に（　　　　）日本人が住んでいるなんて、驚きだ。

1　だけ　　　　2　まで　　　　3　しか　　　　4　こそ

47 うさぎが昼寝している（　　　　）、かめに抜かれてしまった。

1　とおりに　　　　2　ままに　　　　3　うちに　　　　4　ところに

48 わたしはエンジニアになりたくて、（　　　　）、この学校で勉強したいと思っています。

1　それで　　　　2　それに　　　　3　それなら　　　　4　そのうえ

172

問題7 つぎの文の ★ に入る最もよいものを、1・2・3・4から一つえらびなさい。

49 野田さんは ＿＿＿ ＿＿＿ ★ ＿＿＿ 有名なところで生まれた。

1 として 　　　　2 歴史ある町 　　3 金沢 　　　　4 という

50 この ＿＿＿ ＿＿＿ ★ ＿＿＿ のだろうか。

1 消えていく 　　2 悲しい気持ちも 　3 いつかは 　　4 つらくて

51 会社説明会は、ホテルの ＿＿＿ ＿＿＿ ★ ＿＿＿ 行われた。

1 において 　　　2 大会議室 　　　3 にわたって 　　4 2時間

52 この問題の答えは ＿＿＿ ＿＿＿ ★ ＿＿＿ わからなかった。

1 そう 　　　　　2 考えても 　　　3 簡単には 　　　4 いくら

53 格安航空券は ＿＿＿ ＿＿＿ ★ ＿＿＿ がぜんぜん違う。

1 経由地 　　　　2 により 　　　　3 出発日や 　　　4 料金

問題8　つぎの文章を読んで、文章全体の内容を考えて、　54　から　58　の中に入る最もよいものを、1・2・3・4から一つ選びなさい。

「冷やしタヌキ(注1)」といってもそば屋の品書き(注2)ではない。埼玉の東武動物公園が、馬肉やサツマイモを氷の塊に閉じ込めた(注3)特別メニューを、タヌキたちにふるまって(注4)いる。（中略）

同じように「冷やしライオン」や「氷のトラ」もある。　54　が感じる爽快さ(注5)のほどは想像するしかないが、　55　は涼しい気持ちになりそうだ。この猛暑(注6)、氷を抱きしめたくなるのは動物たちばかりではなかろう。

人間界の近年のブームは、かき氷(注7)だそうだ。（中略）喫茶店　56　のメニューも増えているようで、先日、何年かぶりに味わった。のどの奥から頭へ抜ける冷たさに、子どものころを思い出した。

過酷さ(注8)を増す日本の暑気(注9)がブームを呼んだのだろうか。日本かき氷協会代表の小池隆介さんに聞くと、それだけでなく、東日本大震災(注10)と原発事故(注11)の後の節電(注12)がきっかけになったという。「冷房を　57　涼をとろう(注13)と、食に向かったのでしょう」（中略）

「暑気払い」といえば、つい当方(注14)の頭には冷たいビールが浮かぶのだが、　58　ではあまりに貧しい。うちわ片手に花火や水族館、時を忘れる本などもいい。

（『朝日新聞』2016年8月18日付）

174

（注１）タヌキ：イヌ科の動物　「タヌキうどん／そば」という料理がある

（注２）品書き：メニュー

（注３）閉じ込める：外に出ないようにする

（注４）ふるまう：ごちそうする

（注５）爽快さ：気持ちのよさ

（注６）猛暑：とても暑い

（注７）かき氷：氷にシロップなどをかけて食べる、夏の食べ物

（注８）過酷さ：大変さ

（注９）暑気：夏の暑さ

（注10）東日本大震災：2011年3月に東北地方で起こった大きな地震

（注11）原発事故：ここでは2011年3月に東京電力の福島第一原子力発電所で起こった事故の
　　　　こと

（注12）節電：電気を節約して無駄にしない

（注13）涼をとる：涼しい感じになるようにする

（注14）当方：わたし

54

   1　それら　　　　　2　これら　　　　　3　彼ら　　　　　4　わたしたち

55

   1　見ている方　　　　　　　　　　2　見られる方
   3　見せたい方　　　　　　　　　　4　見せる方

56

   1　で　　　　　　　2　から　　　　　3　と　　　　　4　へ

57

   1　使って　　　　　2　使わずに　　　　3　使うので　　　　4　使うし

58

   1　これくらい　　　2　それほど　　　　3　これまで　　　　4　それだけ

175

第18日

すももも　桃も　桃のうち

問題1　_____のことばの読み方として最もよいものを、1・2・3・4から一つえらびなさい。

1 たくさんの人が行列を作った。

　1　こうれつ　　　　2　ぎょうれつ　　　3　こうれい　　　　4　ぎょうれい

2 子どもを連れて、キャンプに行く。

　1　つれて　　　　　2　うれて　　　　　3　たれて　　　　　4　もれて

3 毎度ご乗車いただき、ありがとうございます。

　1　まいにち　　　　2　まいたび　　　　3　まいど　　　　　4　まいかい

4 これからも彼女の活躍を楽しみにしている。

　1　かつやく　　　　2　かつよう　　　　3　かっやく　　　　4　かっよう

5 銀行に行って、15時には戻ります。

　1　よります　　　　2　かえります　　　3　とおります　　　4　もどります

6 このすばらしい絵は本物ですか。

　1　ほんもの　　　　2　ほんぶつ　　　　3　もともの　　　　4　もとぶつ

7 給料が少ないので、お金を節約している。

　　1　せつやっく　　　2　せつやく　　　3　せっやく　　　4　せづやく

8 駅前の薬局で、目薬を買った。

　　1　くすりきょく　　2　くすりや　　　3　やっきょく　　　4　やくきょく

問題2 ＿＿＿のことばを漢字で書くとき、最もよいものを、1・2・3・4から一つえらびなさい。

9 妹は、最近父によくにてきた。

　　1　似て　　　　　　2　以て　　　　　3　二て　　　　　4　仁て

10 ずっとこの町に住むけついをかためた。

　　1　決意　　　　　　2　結心　　　　　3　決心　　　　　4　結意

11 この駅はきゅうこう列車は止まりません。

　　1　急高　　　　　　2　急公　　　　　3　急交　　　　　4　急行

12 社長は、赤字経営のせきにんをとって、会社をやめた。

　　1　積任　　　　　　2　責任　　　　　3　績任　　　　　4　関任

13 近藤さんは会社の中でもじゅうような人物だ。

　　1　主要　　　　　　2　重要　　　　　3　主用　　　　　4　重用

14 これは大人もたいしょうにした絵本です。

　　1　対紹　　　　　　2　対正　　　　　3　対象　　　　　4　対像

177

問題3 （　　）に入れるのに最もよいものを、1・2・3・4から一つえらびなさい。

15 ぼうしを買ったが、その（　　　　）に、どこかに忘れてしまった。

　　1　昨日　　　　　2　翌日　　　　　3　本日　　　　　4　明後日

16 平日の昼間の美術館は（　　　　）で静かだった。

　　1　くらくら　　　2　からから　　　3　がらがら　　　4　ぐらぐら

17 時間が（　　　　）ので、同級生の結婚式に行かなかった。

　　1　あわなかった　　　　　　　　　2　すすまなかった
　　3　くりかえさなかった　　　　　　4　つかなかった

18 この植物園は20人以上の（　　　　）には、入場料が割引になる。

　　1　集団　　　　　2　全体　　　　　3　成人　　　　　4　団体

19 地面を（　　　　）、小さな池を作った。

　　1　積んで　　　　2　掘って　　　　3　混ぜて　　　　4　流して

20 あの人はまじめで、パートナーとして（　　　　）できる人だ。

　　1　心配　　　　　2　承知　　　　　3　信頼　　　　　4　進歩

21 テレビドラマのDVDが毎月（　　　　）発売されている。

　　1　つぎつぎと　　　2　はらはらと　　　3　はっきりと　　　4　さっさと

22 何回か友だちに電話して、やっと（　　　　）。

　　1　ぬいた　　　　2　きいた　　　　3　とどいた　　　　4　つながった

178

23 この動物は夜に活動する（　　　　）がある。

1　個性　　　　　　　2　性質　　　　　　　3　性格　　　　　　　4　習慣

24 遠くで救急車の（　　　　）が聞こえる。

1　シグナル　　　　　2　リズム　　　　　　3　サイン　　　　　　4　サイレン

25 パーティーの招待（　　　　）が2枚あるけど、いっしょに行かない？

1　券　　　　　　　　2　紙　　　　　　　　3　書　　　　　　　　4　札

問題4　＿＿＿＿に意味が最も近いものを、1・2・3・4から一つえらびなさい。

26 何にでもチャレンジすることが大切だ。

1　やってみる　　　　2　勝つ　　　　　　　3　落ち着く　　　　　4　頑張る

27 行事が問題なく終わって、ほっとした。

1　元気になった　　　2　安心した　　　　　3　満足した　　　　　4　うれしかった

28 日本にいるあいだに、あちこちを旅行した。

1　行きたい場所　　　2　知らない町　　　　3　いろいろな所　　　4　すべての町

29 マニュアルを見ながら、パソコンを立ち上げた。

1　画面　　　　　　　2　説明書　　　　　　3　原稿　　　　　　　4　見本

30 このお店は、相変わらず味がよい。

1　普段は　　　　　　2　今までより　　　　3　長い間　　　　　　4　前と同じように

179

問題5　つぎのことばの使い方として最もよいものを、1・2・3・4から一つえらびなさい。

31 生(は)える

1　大人の目が生えていて、悪いことはできない。

2　いつまでも親に生えていないで、自分でも頑張(がんば)りなさい。

3　春になると、たくさんバラの花が生える。

4　いつの間にか庭に雑草(ざっそう)が生えていた。

32 計算(けいさん)

1　計算を払ってから、お店の外に出た。

2　地上から月までの距離を計算してみた。

3　箱を開けて、中のケーキを計算した。

4　ぜんぶで3万円計算のお買い上げ、ありがとうございます。

33 得意(とくい)

1　カラオケで得意な歌はなんですか。

2　このレストランは、彼の得意なお店だ。

3　得意な結果、卒業(そつぎょう)した後の進路(しんろ)が決まった。

4　何でも得意な気持ちになっていないで、まずは自分でやってみて。

34 もともと

1　あなたとの関係はもともとこれまでです。

2　その会社はもともと洋服を作る会社だった。

3　早く仕事を見つけて、もともと国の両親を安心させたい。

4　大学に入るためにも、もともと基礎(きそ)から勉強しなければならない。

35 ふる

1　歯(は)が抜(ぬ)けそうで、ふらふらふっている。

2　この料理は、しょうゆをよくふって食べるとおいしい。

3　学校の前で、友だちが手をふっている。

4　どんなに頭をふっても、いいアイデアが出てこない。

問題6 つぎの文の（　　）に入れるのに最もよいものを、1・2・3・4から一つえらびなさい。

36 国民的な歌手のグループが解散した（　　　　）、多くのファンが悲しんだ。

1　ほどから　　　　　2　ところから　　　3　ものから　　　　4　ことから

37 海に行く（　　　　）、台風で行けなかった。

1　つもりだったのに　　　　　　　　　2　までだったのに
3　ところだったから　　　　　　　　　4　はずだったから

38 運動したあとの食事は、何でもおいしく（　　　　）。

1　差し上げます　　　　　　　　　　　2　いただけます
3　たまわります　　　　　　　　　　　4　いらっしゃいます

39 外国に行く（　　　　）、どんな国でもパスポートは必要だ。

1　として　　　　　　2　となったら　　　3　うちに　　　　　4　とするには

40 弟の仕事場は、（　　　　）異性と出会うチャンスがないそうだ。

1　少しだけ　　　　　2　さすが　　　　　3　そんなに　　　　4　もしかすると

41 そのお店は、一度も行ったことも（　　　　）、聞いたことも（　　　）。

1　あれば　／　ある　　　　　　　　　2　なければ　／　ある
3　あれば　／　ない　　　　　　　　　4　なければ　／　ない

42 このカードは出席を確認する（　　　　）使いますから、なくさないでください。

1　間に　　　　　　　2　際に　　　　　　3　次第に　　　　　4　通りに

181

43 夏休みになってから、寝坊（　　　　）。

1　だけしている

2　したきりだ

3　してばかりだ

4　だらけだ

44 小泉さんはタレントとして（　　　　）、作家としても有名だ。

1　どころか　　　　2　ところが　　　　3　もちろん　　　　4　だけでなく

45 この問題は難しく、時間を（　　　　）答えられない。

1　かけながら

2　かけなくても

3　かけないと

4　かけると

46 大川君は、（　　　　）部屋で寝ていたいそうだ。

1　時間さえあれば

2　時間だけなくても

3　時間だけあると

4　時間しかないと

47 彼らはまだ若い（　　　　）、仕事でミスするのも無理はない。

1　のだから　　　　2　おかげで　　　　3　ものから　　　　4　せいか

48 わたしはプレゼントをもらったら、すぐにお返しをする（　　　　）。

1　ようにする

2　ようになる

3　ようにしている

4　ようになっている

問題7　つぎの文の　★　に入る最もよいものを、1・2・3・4から一つえらびなさい。

49 働いてお金をもらう ＿＿＿＿ ＿＿＿＿ ★ ＿＿＿＿ ではないのだ。

1　簡単なこと　　　2　のは　　　　　3　楽で　　　　　4　という

50 電話が ＿＿＿＿ ＿＿＿＿ ★ ＿＿＿＿ 間違っているということになる。

1　この番号は　　　2　とすれば　　　3　ぜんぜん　　　4　かからない

51 新宿に ＿＿＿＿ ＿＿＿＿ ★ ＿＿＿＿ 今度利用してみるつもりだ。

1　便利だ　　　　　　　　　　2　ある
3　バスターミナルは　　　　　4　そうで

52 この ＿＿＿＿ ＿＿＿＿ ★ ＿＿＿＿ 道が二つに分かれている。

1　200メートルほど　　　　　2　ところで
3　先を　　　　　　　　　　　4　行った

53 杉本さんは、はじめて ＿＿＿＿ ＿＿＿＿ ★ ＿＿＿＿ なれる。

1　でも　　　　　2　すぐに　　　3　会った人と　　　4　友だちに

問題8 つぎの文章を読んで、文章全体の内容を考えて、　54　から　58　の中に入る
　　　　最もよいものを、1・2・3・4から一つ選びなさい。

　　食後に、ものを考えたりすることは、はなはだ(注1)　54　。頭はからっぽにして、

休業にしておく必要がある。

　　学校というところは、頭の使い方に思いのほかこまかい神経を使っている。時間割り

の組み方、休み時間のとり方などについては、ほかのところでのべる(注2)ことになるが、

この食後の時間については、いくらか無理をしている。

　　昼の食事をしたあと、一時間の休みがあるが、それは食事こみ(注3)の時間で、実際、

食休みは三十分も　55　いい方になる。

　　当然、食休みの時間が不足し、消化活動のさかんな間に、午後の授業が始まる。体の

要求に正直に反応する(注4)こどもは、自然の要請(注5)に従順に(注6)従って、居眠りをす

る。これを不謹慎(注7)と見てきたのは、教育の　56　である。ゆっくり眠らせないのは、

こどもに健康上の害を加えることになる。

　　居眠りをすれば、消化は助けられるが、　57　、頭の中の掃除、忘却(注8)も大いに

促進(注9)される。(中略)居眠りを目のかたき(注10)にするのは見当違い(注11)の常識で

ある。改めて昼寝の効用(注12)というものを　58　。シエスタ(注13)という習慣のある

社会も、もとはそういう昼寝の効用に目ざめたのであろう。

（外山滋比古『忘却の整理学』筑摩書房）

184

（注1）はなはだ：とても、非常に

（注2）のべる：言い表す

（注3）食事こみ：食事も入れた

（注4）反応する：外からの働きかけに応じて、変化する

（注5）要請：リクエスト、要求

（注6）従順に：おとなしく素直に

（注7）不謹慎：言うことややることが、ふまじめで態度が悪い

（注8）忘却：すっかり忘れてしまう

（注9）促進：物事を進める

（注10）目のかたき：にくむこと、にくむ相手

（注11）見当違い：間違っている

（注12）効用：役立つこと

（注13）シエスタ：スペインなどで昼食後にとる昼寝

54

1 すばらしい　　　2 ありがたい　　　3 忙しい　　　4 よろしくない

55

1 あって　　　2 あれば　　　3 あっても　　　4 あるから

56

1 誤り　　　2 よさ　　　3 もと　　　4 判断

57

1 それに対して　　　　　　　2 それに比べて

3 それと同時に　　　　　　　4 それといっても

58

1 考えてみるのではないか　　　2 考えさせられる

3 考えないのもどうか　　　　　4 考えさせてみる

185

第19日

肩固かったから買った肩叩き機　肩叩きにくかった

問題1 ＿＿＿のことばの読み方として最もよいものを、1・2・3・4から一つえらびなさい。

1 佐藤さんは通訳をしている。

　1　つやく　　　　　2　つうやく　　　　3　ほやく　　　　4　ほんやく

2 時間がないので、近道した。

　1　きんみち　　　　2　きんどう　　　　3　ちかみち　　　　4　ちかどう

3 駅前のレストランは、深夜まで開いている。

　1　しんや　　　　　2　しんよる　　　　3　ふかや　　　　　4　ふかよる

4 アメリカで短期のホームステイを体験した。

　1　たんき　　　　　2　ちょうき　　　　3　かき　　　　　　4　がっき

5 この市場は肉も魚も安い。

　1　しいじょう　　　2　しいば　　　　　3　いちば　　　　　4　いちじょう

6 サッカーのゲームの後半戦が始まった。

　1　うしろはん　　　2　ごはん　　　　　3　あとはん　　　　4　こうはん

7 指を切ったら血が出た。

1 けつ   2 あせ   3 ち   4 あわ

8 よく手を洗い、うがいをして、かぜを予防しよう。

1 よぼう   2 よほう   3 ようぼう   4 ようほう

問題2 ＿＿＿のことばを漢字で書くとき、最もよいものを、1・2・3・4から一つえらびなさい。

9 かぎをさして、入口のドアを開けた。

1 残して   2 指して   3 座して   4 差して

10 将来はほうりつの専門家になりたい。

1 法律   2 法立   3 方律   4 方立

11 この国では、車やバイクはみぎがわを走っている。

1 右見   2 右測   3 右則   4 右側

12 用事があって、大学の同窓会をけっせきした。

1 結席   2 決席   3 欠席   4 次席

13 帰りに、たまごを10こ買ってきてね。

1 庫   2 個   3 固   4 子

14 近くに来たら、うちによってください。

1 寄って   2 因って   3 写って   4 移って

問題3 （　　）に入れるのに最もよいものを、1・2・3・4から一つえらびなさい。

15 会場には（　　　　）がございませんので、電車かバスをご利用ください。

1　バス停　　　　　2　歩道　　　　　3　道路　　　　　4　駐車場

16 この作者の文章では、人生を旅に（　　　　）いる。

1　ひろげて　　　　2　あわせて　　　　3　たとえて　　　　4　のせて

17 友だちは、重い病気とずっと（　　　　）いる。

1　くらして　　　　2　あらそって　　　　3　たたかって　　　　4　なやんで

18 （　　　　）テレビ番組を見ていないで、早く寝なさい。

1　うすぐらい　　　2　たまらない　　　3　くだらない　　　4　うたがわしい

19 銀行口座にあるお金を見て、旅行に行くための（　　　　）を考える。

1　計算　　　　　2　予算　　　　　3　合計　　　　　4　貯金

20 冬休みに4（　　　　）5日で大阪と京都を旅行した。

1　晩　　　　　　2　度　　　　　　3　夜　　　　　　4　泊

21 父がここに家を買ったその（　　　　）、まわりは畑だったそうだ。

1　当時　　　　　2　以前　　　　　3　月日　　　　　4　時代

22 このコピー機を運ぶので、そっちを（　　　　）持ってください。

1　のんびり　　　　2　しっかり　　　　3　はっきり　　　　4　じっくり

23 観光のため、駅前で自転車を（　　　　）した。

1　レンタル　　　　2　サンプル　　　　3　シンプル　　　　4　リサイクル

24 1年半もかかったが、（　　　）新作ができあがった。
　1　なんとなく　　2　なんとか　　3　とっくに　　4　なんで

25 交通規則に（　　　）すると、お金を取られることもある。
　1　違反　　2　注目　　3　影響　　4　誤解

問題4　＿＿＿に意味が最も近いものを、1・2・3・4から一つえらびなさい。

26 年が明けて、また新しい気持ちになった。
　1　変わって　　2　うつって　　3　すんで　　4　暮れて

27 土日も休みがなく家族にすまないと思っている。
　1　会いたい　　2　申しわけない　　3　休みたい　　4　理解したい

28 彼女はよその国のニュースに興味がない。
　1　近く　　2　ほか　　3　うわさ　　4　まわり

29 お祭りは延期になった。
　1　やめることになった　　2　うまくいかなかった
　3　短くなった　　　　　　4　先にのびた

30 今度おいが、カナダに留学する。
　1　友だちの男の子ども　　2　姉の女の子ども
　3　兄の男の子ども　　　　4　妹の女の子ども

問題5　つぎのことばの使い方として最もよいものを、1・2・3・4から一つえらびなさい。

31 さそう

1　オートバイに乗っていたら、警察官にさそわれた。
2　友だちから神戸旅行にさそわれた。
3　恋人にさそわれた小説はまだ読んでいない。
4　ついデパートにさそわれて、バーゲンで買い物してしまった。

32 日にち

1　あしたとあさっての日にちは、この体育館は休みになる。
2　アルバイト料は日にちではなく、時給で支払われる。
3　電気もガスも水道も、日にちの生活に必要である。
4　ミーティングの日にちが変わったという連絡が来た。

33 ぜいたく

1　ボーナスが出たら、レストランでぜいたくな食事をしよう。
2　大学の先生から、ぜいたくなテーマで講義を受けた。
3　今日はわたしがぜいたくするから、お金を払わなくてもいいよ。
4　彼女は上品で、歩き方も話し方もぜいたくだ。

34 汚す

1　お金を落として、旅行の計画を汚してしまった。
2　とても寒くて、意識を汚していた。
3　お手洗いはきれいに使い、汚さないないように。
4　チーズをフライパンで温めて、少しずつ汚した。

35 それぞれ

1　うれしいのか、悲しいのか、それぞれな気持ちになった。
2　みんなはこのマンガはおもしろいと言うが、わたしはそれぞれ感じない。
3　時間が来たので、この会議をそれぞれ始めましょう。
4　うちは家族それぞれがノートパソコンを持っている。

問題6　つぎの文の（　　）に入れるのに最もよいものを、1・2・3・4から一つえらびなさい。

36 時間になるまで、テストを（　　　　）。

1　始めること　　　　　　　　　　2　始めたこと

3　始めないこと　　　　　　　　　4　始めなかったこと

37 大家さんから、出入り口に荷物を（　　　　）と注意された。

1　置いてくれ　　　　　　　　　　2　置かないでくれ

3　置かないといい　　　　　　　　4　置くといい

38 大学を受けると決めた（　　　　）、合格できるよう頑張る。

1　うえには　　　　2　ことには　　　　3　ものには　　　　4　からには

39 ただ今ホームページ（　　　　）、社員を募集しております。

1　は　　　　　　2　にて　　　　　3　が　　　　　　4　には

40 池田さんは好きな画家（　　　　）、何でもよく知っている。

1　にとっては　　　　　　　　　　2　においては

3　にとっては　　　　　　　　　　4　にかけては

41 目が悪くなってきた（　　　　）、小さい文字が見えない。

1　わけだから　　　　2　ものだから　　　3　わけなら　　　4　ものなら

42 あのラーメン屋には近所から（　　　　）、遠くからも食べに来るそうだね。

1　はもちろん　　　2　と同時に　　　3　のほかは　　　4　にしたがい

191

43 大地震のときは（　　　　）を、専門家がくりかえし話していた。

1　どうしたはずか

2　どうしたことか

3　どうするべきか

4　どうするものか

44 日本では 20 歳になって（　　　　）、お酒を飲むことができない。

1　からでなければ

2　からでないとき

3　からでなかろうと

4　からでなくても

45 話がよくわからない（　　　　）、その学生はつまらなそうに授業を聞いていた。

1　そうだろうか

2　わけだろうか

3　どころなのか

4　のだろうか

46 会議は 12 時までです。（　　　　）、会議のあと、昼食会を開く予定です。

1　では　　　　　　2　それが　　　　　3　なお　　　　　　4　かえって

47 テストを早く出した人が（　　　　）よくできているわけではない。

1　かわりに　　　　2　かならずしも　　　3　かえって　　　　4　かぎりなく

48 まわりから、「あなたはおもしろくない人だ」とは、絶対に（　　　　）。

1　思いたくない

2　思われたくない

3　思わせたくない

4　思っていたくない

問題7　つぎの文の＿★＿に入る最もよいものを、1・2・3・4から一つえらびなさい。

49 息子は ＿＿＿＿ ＿＿＿＿ ＿★＿ ＿＿＿＿ 家に帰るとすぐ寝てしまう。

  1　とみえて　　　　2　大変だ　　　　　3　スーパーでの　4　アルバイトが

50 上司は部下に ＿＿＿＿ ＿＿＿＿ ＿★＿ ＿＿＿＿ 注意をするのだ。

  1　ようになってほしい　　　　　　2　早く一人で
  3　からこそ　　　　　　　　　　　4　仕事ができる

51 あまりスポーツジムに ＿＿＿＿ ＿＿＿＿ ＿★＿ ＿＿＿＿ わけではない。

  1　行く　　　　　　2　ないけれど　　　3　やめた　　　　4　時間が

52 人間の脳 ＿＿＿＿ ＿＿＿＿ ＿★＿ ＿＿＿＿ いないことがあるそうだ。

  1　よくわかって　　2　でさえ　　　　　3　については　　　4　専門家

53 映画を途中から ＿＿＿＿ ＿＿＿＿ ＿★＿ ＿＿＿＿ ほうがいい。

  1　見ない　　　　　2　見る　　　　　　3　くらいなら　　　4　最初から

問題8　つぎの文章を読んで、文章全体の内容を考えて、　54　から　58　の中に入る最もよいものを、1・2・3・4から一つ選びなさい。

　5月上旬、A県B中学校の英語の授業で、生徒がAIを搭載(注1)した英会話ロボット「Musio」（ミュージオ）を相手に英語で話しかけていた。（中略）

　ミュージオは、会話内容をスマホなどのアプリで確認できる機能もあり、それぞれの生徒がどんな話をしたか、教員が　54　できる。日本語の単語を言うと、英語で教えてくれる辞書機能もある。

　　55　、時には質問とは関係ない、とんちんかん(注2)な答えが返ってくることも。授業で教員が教えたい内容と、ミュージオが話す内容をどうリンク(注3)させられるかも課題だ。

　昨年　56　は、英語の授業に週1回は英国人の外国語指導助手（ALT）が来ていたが、最近は月1回に減った。ALTが小学校も担当するようになった　57　。ミュージオの導入(注4)で、「生徒一人ひとりが話す機会が格段(注5)に増えてよかった」と教員のOさん。生徒たちは遊び感覚で　58　ながら英語を話すようになった、と感じる。

（『朝日新聞』2018年6月12日付）

（注1）搭載：ある機能が中に入っている
（注2）とんちんかん：物事がうまく通じないこと
（注3）リンク：結びつける
（注4）導入：取り入れて、役立てる
（注5）格段：まるで違う

194

54

1　カバー　　　　2　コーチ　　　　3　リーダー　　　　4　チェック

55

1　だから　　　　2　一方　　　　3　そこで　　　　4　ところで

56

1　より　　　　2　から　　　　3　まで　　　　4　うち

57

1　はずだ　　　　2　わけだ　　　　3　べきだ　　　　4　ためだ

58

1　楽しみ　　　　2　楽しめ　　　　3　楽しむ　　　　4　楽し

第20日

瓜売りが 瓜売りにきて 瓜売りのこし うり売り帰る 瓜売りの声

問題1 ＿＿＿のことばの読み方として最もよいものを、1・2・3・4から一つえらびなさい。

1 あなたの国の首都はどこですか。

1 しゅうと　　　2 しゅとう　　　3 しゅと　　　4 しゅうとう

2 ダンス・コンテストに参加して、いい記念になった。

1 きえん　　　2 きねん　　　3 きいえん　　　4 きいねん

3 熱が高いので、頭を冷やす。

1 さやす　　　2 ひやす　　　3 れいやす　　　4 つめやす

4 座ったら、ズボンが破れてしまった。

1 やぶれて　　　2 われて　　　3 きれて　　　4 おれて

5 山中さんは小学生のときから身長が高かった。

1 しんなか　　　2 みなか　　　3 みちょう　　　4 しんちょう

6 くまが気持ちよさそうに、水を浴びていた。

1 よびて　　　2 とびて　　　3 あびて　　　4 あそびて

7 1キロぐらい泳いでも平気です。

   1　はき　　　　　　2　びょうき　　　　3　げんき　　　　　4　へいき

8 万一のときは、こちらに電話してください。

   1　まんいち　　　　2　まんい　　　　　3　ばんいつ　　　　4　ばんい

問題2　＿＿＿＿のことばを漢字で書くとき、最もよいものを、1・2・3・4から一つえらび
なさい。

9 みんなでわになって、ゲームをした。

   1　列　　　　　　　2　円　　　　　　　3　輪　　　　　　　4　横

10 どうぞ、みなさんでめし上がってください。

   1　召し　　　　　　2　招し　　　　　　3　紹し　　　　　　4　昭し

11 この服はたいりょうに生産されている。

   1　太量　　　　　　2　大量　　　　　　3　多量　　　　　　4　台量

12 部長はその案にはさんせいしなかった。

   1　賛世　　　　　　2　賛青　　　　　　3　賛正　　　　　　4　賛成

13 この機械は使い方がふくざつだ。

   1　複雑　　　　　　2　副雑　　　　　　3　腹雑　　　　　　4　復雑

14 この会社の商品は、しんようできる。

   1　進用　　　　　　2　進要　　　　　　3　信用　　　　　　4　信要

197

問題3　（　　）に入れるのに最もよいものを、1・2・3・4から一つえらびなさい。

15 書類のこことここに、お客様の（　　　　）をお願いします。

1　タイプ　　　　　2　サイン　　　　　3　コントロール　　4　プレー

16 夜の工場の中を、警備員が（　　　　）をしている。

1　見通し　　　　　2　見送り　　　　　3　見直し　　　　　4　見回り

17 空港の中はお店も多く、小さな商店（　　　　）まである。

1　市　　　　　　　2　街　　　　　　　3　町　　　　　　　4　通り

18 サーフィンはまだ（　　　　）経験です。

1　小　　　　　　　2　無　　　　　　　3　未　　　　　　　4　不

19 スミスさんはいつも（　　　　）を言って、みんなを笑わせる。

1　冗談　　　　　　2　うそ　　　　　　3　ユーモア　　　　4　疑問

20 習った日本語が日本人に（　　　　）ときは、うれしかった。

1　あたった　　　　2　ぬけた　　　　　3　とどいた　　　　4　つうじた

21 このお茶はちょっと（　　　　）ですね。

1　つらい　　　　　2　のろい　　　　　3　ぬるい　　　　　4　するどい

22 林さんとはもう20年の（　　　　）になる。

1　出会い　　　　　2　付き合い　　　　3　話し合い　　　　4　お見合い

198

23 商品の（　　　）を見ながら、買い物をする。

1　プログラム　　　2　アニメーション　　　3　ネットワーク　　　4　カタログ

24 あの人は一人で（　　　）小言(こごと)を言っている。

1　ぶつぶつ　　　2　ぺらぺら　　　3　ふらふら　　　4　ぶらぶら

25 10年後、自分がどこで何をしているか（　　　）してみる。

1　自慢(じまん)　　　2　想像(そうぞう)　　　3　希望　　　4　理想(りそう)

問題4　＿＿＿に意味が最も近いものを、1・2・3・4から一つえらびなさい。

26 本を読んでいたら、いきなり電気が消えた。

1　ついに　　　2　あっという間に　　　3　そっと　　　4　急(きゅう)に

27 先週、ひどいかぜをひいた。

1　かなり熱い　　　2　かなり痛い　　　3　かなり悪い　　　4　かなり長い

28 外国にいる友だちから、便(たよ)りが来た。

1　手紙　　　2　おみやげ　　　3　荷物　　　4　写真

29 このサイズの車がよく売れているそうだ。

1　色　　　2　形　　　3　大きさ　　　4　値段

30 気に入った服が、そのお店にはなかった。

1　かわいい　　　2　好きな　　　3　すてきな　　　4　おもしろい

問題5　つぎのことばの使い方として最もよいものを、1・2・3・4から一つえらびなさい。

[31] こげる

1　いくらこげても、保険があるから、安心です。

2　よくこげていないとり肉は、食べないほうがいいです。

3　海にこげるような太陽が沈んでいく。

4　焼きすぎて、魚が真っ黒にこげてしまった。

[32] ルール

1　電車では、ぬれた傘をたたむのがルールだ。

2　ゲームに参加するならルールに従ってください。

3　彼女は食事のときのルールが美しい。

4　公園を1時間歩くのは、朝のルールだ。

[33] 文句

1　となりの住民から、「夜中に洗濯しないで」と文句を言われた。

2　文句の点は、こちらまでお知らせねがいます。

3　長いメールを書いて送り、上司に文句の気持ちを伝えた。

4　店員のあいさつがいいので、店長に文句を出した。

[34] 巻く

1　ガソリンがなくなって、車のタイヤが巻かなくなった。

2　ダイヤルを巻いて金庫を開ける。

3　自分で包帯を巻くのはむずかしい。

4　銀行の通帳は、ベットの下に巻いてある

[35] 純粋

1　絵本を読んで純粋な気持ちになった。

2　これは純粋な木のテーブルなので、気をつけて運んでください。

3　今年は純粋なデザインの服に人気がある。

4　忙しかったので、純粋な料理を作って食べた。

問題6　つぎの文の（　　）に入れるのに最もよいものを、1・2・3・4から一つえらびなさい。

36 会話の能力を（　　　　）、音読をくりかえしている。

1　高めようと　　　　2　高めようか　　　　3　高めたか　　　　4　高めるか

37 このメロンは高くて、一つ1万円（　　　　）した。

1　に　　　　　　　2　も　　　　　　　3　と　　　　　　　4　は

38 子どもたちにはいつも、自分のことは自分で（　　　　）ように言っている。

1　考えてくれ　　　　2　考えろ　　　　　3　考えた　　　　　4　考える

39 今日で学校を卒業する。明日からはもう学生ではない（　　　　）。

1　ようだ　　　　　2　べきだ　　　　　3　のだ　　　　　4　かぎりだ

40 毎月300名の当選者に、このプレゼントを（　　　　）。

1　さしあげます　　2　おみせできます　3　いただきます　　4　くださいます

41 あの新聞社は東京本社（　　　　）、各地に支局がある。

1　にわたり　　　　2　を通じて　　　　3　をもとに　　　　4　を中心として

42 進学しようか。（　　　　）就職しようか。

1　それと　　　　　2　それとも　　　　3　または　　　　　4　あるいは

43 この言葉は、日本人にはとても発音（　　　　）。

1　しにくい　　　　2　したくない　　　　3　しなくちゃ　　　　4　しなくてもいい

201

44 将来、医者になる（　　　　　）、医学部に進まなければならない。

1　のに　　　　　　　2　には　　　　　　　3　のは　　　　　　4　ように

45 年に一度の運動会ですから、保護者の方々もぜひ（　　　　　）。

1　参加なされなさい　　　　　　　　　2　ご参加なさい

3　参加ください　　　　　　　　　　　4　ご参加ください

46 忙しい人（　　　　　）、24時間営業しているお店は、とてもうれしいです。

1　によっては　　　　2　にとっては　　　3　に比べては　　　4　については

47 料理はたくさんありますから、どうぞお好きな（　　　　　）お取りください。

1　くらい　　　　　　2　ほど　　　　　　3　だけ　　　　　　4　まま

48 外国人（　　　　　）、日本の習慣には理解しにくいものもある。

1　からして　　　　　2　からといって　　　3　からみて　　　　4　からこそ

問題7 つぎの文の ★ に入る最もよいものを、1・2・3・4から一つえらびなさい。

49 大切な ____ ____ ★ ____ ようにノートにメモしておいた。

1　お呼びできる　　　　　　　2　間違えずに
3　お客様の　　　　　　　　　4　お名前を

50 本日は ____ ____ ★ ____ ありがとうございます。

1　お忙しい　　2　ところを　　3　くださり　　4　お越し

51 はじめて会ったときは ____ ____ ★ ____ 仲よくなれないよ。

1　いいから　　　　　　　　　2　話さないと
3　何か　　　　　　　　　　　4　何でも

52 ある調査によると、____ ____ ★ ____ 看護師さんだそうだ。

1　一番なりたい　　　　　　　2　といったら
3　女子児童が　　　　　　　　4　職業（しょくぎょう）

53 このゴルフ場では ____ ____ ★ ____ プレーすることができない。

1　だけ　　2　選ばれた　　3　メンバー　　4　しか

問題8　つぎの文章を読んで、文章全体の内容を考えて、　54　から　58　の中に入る

最もよいものを、1・2・3・4から一つ選びなさい。

小学5、6年生は2020年度から、正式な教科として英語を学ぶ。（中略）

　読書、計算、漢字の書き取り(注1)……。埼玉県内のある公立小学校では午前8時半からの15分間をこうした学習に充てて(注2)いる。この時間帯に英語を入れると、「今やっている学習は続けられない」と校長（58）は言う。

　5、6年生の授業は、月〜金曜の　54　火、水、金曜が6時間授業で、木曜の6時間目は委員会(注3)やクラブ活動に使う。休憩時間もせわしなく(注4)、2、3時間目の間の20分休憩は週2回、体力向上　55　、児童に縄跳び(注5)やマラソンなどをさせる。

　月曜　56　5時間だが、授業後は職員会議や外部講師を招いた研修などがある。この時間も授業にすると、「トイレに行く間(注6)も　57　」（30代教員）という教員の多忙さ(注7)に拍車がかかりかねない(注8)状況だ。（中略）

　土、日曜は各学期に1日ずつ、運動会や授業参観(注9)などで活用している。「今の状態で英語を始めるなら、土曜の授業を増やすしか時間を確保(注10)できない。教員　58-a　児童　58-b　忙しくなり、避けたい(注11)のだが……」とこぼす(注12)。

（『朝日新聞』2016年2月23日付）

（注1）書き取り：漢字で正しく書く練習
（注2）充てる：（時間を）足りていないことに使う
（注3）委員会：小学校の特別な活動
（注4）せわしない：たいへんいそがしい
（注5）縄跳び：縄を使う運動・遊び
（注6）間：時間
（注7）多忙さ：忙しさ
（注8）拍車がかかる：あることがますます進む
（注9）授業参観：子どもの保護者が学校の授業を見学すること
（注10）確保：手に入れる
（注11）避ける：不都合な状態にならないようにする
（注12）こぼす：文句・不満を言う

54

　1　うち　　　　　　2　より　　　　　　3　ほど　　　　　　4　くらい

55

　1　とともに　　　　2　がないと　　　　3　にかわって　　　4　のために

56

　1　こそは　　　　　2　だけは　　　　　3　までは　　　　　4　からは

57

　1　あるほど　　　　　　　　　　　2　なければないほど
　3　ないほど　　　　　　　　　　　4　あればあるほど

58

　1　a　も　／　b　と　　　　　　　2　a　と　／　b　も
　3　a　も　／　b　も　　　　　　　4　a　と　／　b　と

執筆者紹介 ─────

野口幸夫（のぐち ゆきお）

特定非営利活動法人　国際看護師育英会　理事
元国書日本語学校小豆沢校　教務部長
元栄光ベトナム有限会社ハノイ校　日本語教務主任

編集協力 ─────

三上優子（みかみ ゆうこ）

国書日本語学校小豆沢校　教務部主任

日本語能力試験　20日で合格　N3 文字・語彙・文法

2018年 7月25日　初版第1刷　発行
2025年 2月 5日　初版第7刷　発行

著　者　国書日本語学校

発行者　佐藤丈夫

発行所　国書刊行会
〒174-0056　東京都板橋区志村1-13-15
TEL. 03(5970)7421(代表)　FAX. 03(5970)7427
http://www.kokusho.co.jp

DTP　オッコの木スタジオ
装幀　株式会社シーフォース
印刷　株式会社シーフォース
製本　株式会社村上製本所

乱丁本・落丁本はお取り替えいたします。
ISBN 978-4-336-06189-8

日本語能力試験
20日で合格
N3
文字・語彙・文法

解答

国書刊行会

第1日

問題1

1	1
2	2
3	3
4	1
5	4
6	4
7	2
8	3

問題2

9	2
10	3
11	2
12	3
13	4
14	1

問題3

15	2
16	4
17	4
18	3
19	2
20	1
21	1
22	4
23	3
24	2
25	4

問題4

26	2
27	4
28	2
29	1
30	3

問題5

31	2
32	4
33	1
34	3
35	1

問題6

36	3
37	1
38	2
39	4
40	2
41	3
42	3
43	2
44	1
45	3
46	4
47	3
48	2

問題7

49	4
50	1
51	2
52	3
53	2

問題8

54	2
55	4
56	2
57	1
58	3

第2日

問題1

1	4
2	2
3	1
4	1
5	3
6	2
7	2
8	2

問題2

9	3
10	2
11	1
12	4
13	2
14	2

問題3

15	3
16	4
17	3
18	1
19	1
20	2
21	1
22	3
23	3
24	2
25	4

問題4

26	3
27	4
28	3
29	2
30	1

問題5

31	1
32	3
33	1
34	2
35	4

問題6

36	1
37	4
38	2
39	3
40	1
41	2
42	4
43	2
44	1
45	1
46	3
47	2
48	3

問題7

49	3
50	1
51	4
52	1
53	2

問題8

54	4
55	3
56	2
57	1
58	3

解答

第3日

問題1

1	3
2	4
3	1
4	1
5	4
6	2
7	3
8	2

問題2

9	4
10	2
11	1
12	3
13	1
14	4

問題3

15	4
16	2
17	1
18	3
19	1
20	4
21	4
22	2
23	3
24	1
25	2

問題4

26	2
27	1
28	2
29	3
30	4

問題5

31	2
32	3
33	1
34	2
35	4

問題6

36	4
37	3
38	3
39	2
40	2
41	1
42	2
43	2
44	1
45	4
46	1
47	1
48	3

問題7

49	2
50	1
51	2
52	4
53	3

問題8

54	2
55	1
56	4
57	3
58	1

第4日

問題1

1	1
2	2
3	4
4	4
5	2
6	3
7	1
8	3

問題2

9	2
10	3
11	4
12	1
13	2
14	1

問題3

15	1
16	4
17	1
18	3
19	1
20	4
21	2
22	3
23	4
24	2
25	3

問題4

26	2
27	3
28	4
29	1
30	3

問題5

31	2
32	3
33	1
34	3
35	4

問題6

36	2
37	1
38	4
39	3
40	1
41	1
42	3
43	2
44	1
45	4
46	3
47	3
48	1

問題7

49	3
50	2
51	3
52	1
53	4

問題8

54	3
55	2
56	1
57	4
58	2

第5日

問題1

1	1
2	3
3	2
4	4
5	3
6	2
7	3
8	4

問題2

9	4
10	2
11	3
12	1
13	2
14	4

問題3

15	3
16	4
17	1
18	2
19	1
20	3
21	3
22	1
23	4
24	2
25	2

問題4

26	1
27	3
28	1
29	2
30	4

問題5

31	1
32	4
33	1
34	2
35	3

問題6

36	1
37	3
38	4
39	3
40	1
41	2
42	1
43	2
44	1
45	2
46	1
47	2
48	3

問題7

49	4
50	2
51	1
52	3
53	2

問題8

54	2
55	1
56	3
57	1
58	4

第6日

問題1

1	2
2	2
3	4
4	3
5	2
6	1
7	1
8	4

問題2

9	4
10	2
11	3
12	4
13	1
14	3

問題3

15	3
16	3
17	2
18	4
19	1
20	3
21	4
22	2
23	3
24	1
25	1

問題4

26	2
27	2
28	1
29	4
30	3

問題5

31	1
32	3
33	3
34	2
35	4

問題6

36	1
37	2
38	3
39	4
40	2
41	1
42	4
43	2
44	3
45	4
46	3
47	2
48	1

問題7

49	2
50	2
51	1
52	4
53	3

問題8

54	4
55	3
56	3
57	1
58	2

解答

第7日

問題1
1	2
2	3
3	4
4	1
5	2
6	1
7	4
8	2

問題2
9	1
10	2
11	3
12	4
13	3
14	4

問題3
15	1
16	4
17	3
18	2
19	1
20	4
21	1
22	2
23	4
24	3
25	2

問題4
26	3
27	2
28	1
29	4
30	1

問題5
31	2
32	1
33	3
34	4
35	3

問題6
36	3
37	2
38	1
39	2
40	1
41	2
42	4
43	3
44	2
45	3
46	1
47	4
48	4

問題7
49	4
50	3
51	4
52	1
53	2

問題8
54	1
55	3
56	2
57	2
58	4

第8日

問題1
1	2
2	1
3	4
4	2
5	3
6	1
7	1
8	3

問題2
9	1
10	2
11	3
12	1
13	4
14	3

問題3
15	2
16	2
17	4
18	2
19	1
20	3
21	1
22	4
23	3
24	1
25	3

問題4
26	4
27	1
28	3
29	4
30	2

問題5
31	4
32	2
33	3
34	1
35	3

問題6
36	4
37	3
38	2
39	2
40	1
41	3
42	3
43	4
44	1
45	2
46	1
47	2
48	4

問題7
49	2
50	1
51	3
52	4
53	3

問題8
54	3
55	1
56	2
57	1
58	4

第9日

問題1

1	2
2	3
3	4
4	1
5	3
6	1
7	4
8	3

問題2

9	3
10	2
11	3
12	3
13	1
14	4

問題3

15	2
16	1
17	1
18	2
19	1
20	1
21	3
22	1
23	2
24	4
25	4

問題4

26	1
27	4
28	2
29	2
30	2

問題5

31	2
32	1
33	2
34	1
35	4

問題6

36	4
37	2
38	4
39	3
40	3
41	2
42	1
43	4
44	3
45	2
46	2
47	2
48	3

問題7

49	3
50	4
51	2
52	1
53	2

問題8

54	3
55	1
56	2
57	2
58	4

第10日

問題1

1	1
2	2
3	4
4	4
5	2
6	1
7	3
8	2

問題2

9	1
10	3
11	1
12	4
13	3
14	1

問題3

15	4
16	3
17	3
18	2
19	4
20	1
21	3
22	1
23	2
24	1
25	2

問題4

26	4
27	3
28	1
29	4
30	2

問題5

31	4
32	1
33	2
34	3
35	1

問題6

36	1
37	3
38	4
39	1
40	2
41	1
42	2
43	1
44	3
45	4
46	4
47	3
48	1

問題7

49	2
50	1
51	4
52	1
53	3

問題8

54	4
55	4
56	2
57	1
58	3

解答

第11日

問題1
1 2
2 1
3 3
4 2
5 1
6 3
7 3
8 4

問題2
9 1
10 3
11 2
12 4
13 2
14 3

問題3
15 2
16 4
17 2
18 1
19 4
20 3
21 3
22 2
23 1
24 4
25 1

問題4
26 2
27 1
28 1
29 3
30 4

問題5
31 3
32 2
33 4
34 2
35 1

問題6
36 1
37 4
38 1
39 1
40 3
41 3
42 2
43 4
44 3
45 1
46 4
47 2
48 3

問題7
49 3
50 4
51 4
52 1
53 1

問題8
54 3
55 1
56 2
57 2
58 4

第12日

問題1
1 2
2 1
3 4
4 3
5 1
6 2
7 2
8 4

問題2
9 3
10 4
11 4
12 2
13 3
14 1

問題3
15 1
16 4
17 2
18 4
19 3
20 3
21 4
22 1
23 3
24 4
25 2

問題4
26 2
27 1
28 4
29 3
30 1

問題5
31 4
32 3
33 4
34 2
35 1

問題6
36 3
37 1
38 3
39 2
40 4
41 1
42 2
43 4
44 4
45 3
46 2
47 1
48 2

問題7
49 3
50 4
51 4
52 1
53 2

問題8
54 1
55 4
56 4
57 3
58 2

7

第13日

問題1

1	2
2	4
3	3
4	2
5	1
6	3
7	4
8	3

問題2

9	4
10	3
11	2
12	3
13	1
14	3

問題3

15	2
16	3
17	3
18	1
19	1
20	3
21	4
22	4
23	1
24	2
25	4

問題4

26	1
27	3
28	2
29	3
30	4

問題5

31	2
32	1
33	1
34	4
35	3

問題6

36	3
37	2
38	4
39	3
40	1
41	2
42	4
43	2
44	1
45	1
46	3
47	3
48	4

問題7

49	2
50	1
51	4
52	3
53	2

問題8

54	1
55	2
56	4
57	3
58	4

第14日

問題1

1	2
2	4
3	3
4	1
5	3
6	4
7	3
8	2

問題2

9	2
10	4
11	2
12	1
13	3
14	2

問題3

15	2
16	4
17	4
18	1
19	3
20	4
21	3
22	3
23	1
24	3
25	2

問題4

26	2
27	4
28	1
29	3
30	4

問題5

31	1
32	2
33	3
34	4
35	3

問題6

36	1
37	1
38	4
39	1
40	2
41	3
42	1
43	4
44	2
45	3
46	2
47	1
48	2

問題7

49	1
50	4
51	3
52	2
53	1

問題8

54	1
55	4
56	2
57	3
58	2

解答

第15日

問題1
1 2
2 3
3 3
4 1
5 4
6 4
7 2
8 1

問題2
9 1
10 3
11 4
12 1
13 2
14 3

問題3
15 3
16 1
17 2
18 4
19 3
20 1
21 4
22 3
23 1
24 4
25 2

問題4
26 4
27 2
28 3
29 4
30 1

問題5
31 2
32 3
33 2
34 4
35 1

問題6
36 1
37 3
38 2
39 2
40 3
41 1
42 4
43 3
44 3
45 2
46 1
47 1
48 4

問題7
49 2
50 4
51 3
52 3
53 1

問題8
54 2
55 4
56 1
57 1
58 3

第16日

問題1
1 2
2 1
3 4
4 3
5 2
6 1
7 3
8 2

問題2
9 1
10 1
11 3
12 4
13 2
14 2

問題3
15 2
16 4
17 3
18 1
19 4
20 3
21 2
22 4
23 3
24 4
25 1

問題4
26 3
27 1
28 1
29 2
30 4

問題5
31 3
32 1
33 2
34 4
35 2

問題6
36 2
37 4
38 1
39 1
40 3
41 3
42 2
43 4
44 3
45 2
46 3
47 4
48 1

問題7
49 3
50 1
51 4
52 3
53 2

問題8
54 4
55 3
56 1
57 3
58 2

9

第17日

問題1

1	4
2	1
3	2
4	3
5	1
6	4
7	3
8	2

問題2

9	3
10	2
11	2
12	4
13	1
14	3

問題3

15	1
16	2
17	3
18	3
19	4
20	1
21	1
22	1
23	4
24	4
25	2

問題4

26	3
27	4
28	2
29	4
30	1

問題5

31	2
32	2
33	4
34	1
35	3

問題6

36	1
37	2
38	4
39	3
40	2
41	4
42	1
43	3
44	2
45	4
46	2
47	3
48	1

問題7

49	2
50	3
51	4
52	1
53	2

問題8

54	3
55	1
56	1
57	2
58	4

第18日

問題1

1	2
2	1
3	3
4	1
5	4
6	1
7	2
8	3

問題2

9	1
10	1
11	4
12	2
13	2
14	3

問題3

15	2
16	3
17	1
18	4
19	2
20	3
21	1
22	4
23	2
24	4
25	1

問題4

26	1
27	2
28	3
29	2
30	4

問題5

31	4
32	2
33	1
34	2
35	3

問題6

36	4
37	1
38	2
39	2
40	3
41	4
42	2
43	3
44	4
45	3
46	1
47	1
48	3

問題7

49	3
50	2
51	1
52	4
53	2

問題8

54	4
55	2
56	1
57	3
58	2

第19日

問題1
1	2
2	3
3	1
4	1
5	3
6	4
7	3
8	1

問題2
9	4
10	1
11	4
12	3
13	2
14	1

問題3
15	4
16	3
17	3
18	3
19	2
20	4
21	1
22	2
23	1
24	2
25	1

問題4
26	1
27	2
28	2
29	4
30	3

問題5
31	2
32	4
33	1
34	3
35	4

問題6
36	3
37	2
38	4
39	2
40	4
41	2
42	1
43	3
44	1
45	4
46	3
47	2
48	2

問題7
49	2
50	1
51	2
52	2
53	4

問題8
54	4
55	2
56	3
57	4
58	1

第20日

問題1
1	3
2	2
3	2
4	1
5	4
6	3
7	4
8	1

問題2
9	3
10	1
11	2
12	4
13	1
14	3

問題3
15	2
16	4
17	2
18	3
19	1
20	4
21	3
22	2
23	4
24	1
25	2

問題4
26	4
27	3
28	1
29	3
30	2

問題5
31	4
32	2
33	1
34	3
35	1

問題6
36	1
37	2
38	4
39	3
40	1
41	4
42	2
43	1
44	2
45	4
46	2
47	3
48	3

問題7
49	2
50	4
51	3
52	4
53	1

問題8
54	1
55	4
56	2
57	3
58	3

初版第7刷